建设工程造价鉴定指导标准（第二版）

刘 伟 曹 萍 主编

中国建筑工业出版社

图书在版编目（CIP）数据

建设工程造价鉴定指导标准/刘伟，曹萍主编．—
2版．—北京：中国建筑工业出版社，2020.8（2025.9重印）
 ISBN 978-7-112-25368-5

Ⅰ.①建…　Ⅱ.①刘…②曹…　Ⅲ.①建筑造价管理
-标准　Ⅳ.①TU723.3-65

中国版本图书馆CIP数据核字(2020)第151387号

  为规范鉴定机构及其鉴定人员的建设工程造价鉴定活动，保障企业鉴定成果质量，依据相关法律、法规、规章和标准，内蒙古中恒信造价咨询有限公司组织有关单位制定了《建设工程造价鉴定指导标准》（第二版）。本指导标准的主要内容包括：总则，术语和定义，回避，鉴定的基本原则，知识产权，严禁贿赂，鉴定依据，鉴定受理，鉴定组织，资料举证和质证，现场勘验，鉴定程序，鉴定方法，鉴定征询意见稿和鉴定结论，质询和补充鉴定，鉴定文件的组成和要求，质量标准，鉴定意见书的语言表述和格式，档案管理和附件等。

  鉴定机构和工程造价鉴定人员在承担建设项目工程造价鉴定及其延伸引起的工程经济鉴定业务时，可按照本指导标准的有关要求执业和从业，鉴定机构和有关部门可以依据本指导标准对工程造价鉴定的程序和成果进行检查。

责任编辑：王华月　易　娜
责任校对：王宇枢

建设工程造价鉴定指导标准（第二版）
刘　伟　曹　萍　主编

*

中国建筑工业出版社出版、发行（北京海淀三里河路9号）
各地新华书店、建筑书店经销
北京科地亚盟排版公司制版
北京中科印刷有限公司印刷

*

开本：787毫米×1092毫米　1/16　印张：4¼　字数：101千字
2020年8月第二版　2025年9月第五次印刷
定价：**42.00**元
ISBN 978-7-112-25368-5
（36356）

版权所有　翻印必究
如有印装质量问题，可寄本社退换
（邮政编码100037）

前　言

为规范鉴定机构及其鉴定人员的建设工程造价鉴定活动，保障企业鉴定成果质量，依据相关法律、法规、规章和标准，内蒙古中恒信造价咨询有限公司组织有关单位制定了《建设工程造价鉴定指导标准》（第二版）（以下简称本指导标准）。

本指导标准的主要内容包括：总则、术语和定义、回避、鉴定的基本原则、知识产权、严禁贿赂、鉴定依据、鉴定受理、鉴定组织、资料举证和质证、现场勘验、鉴定程序、鉴定方法、鉴定征询意见稿和鉴定结论、质询和补充鉴定、鉴定文件的组成和要求、质量标准、鉴定意见书的语言表述和格式、档案管理和附件等。

鉴定机构和工程造价鉴定人员在承担建设项目工程造价鉴定及其延伸引起的工程经济鉴定业务时，可按照本指导标准的有关要求执业和从业，鉴定机构和有关部门可以依据本指导标准对工程造价鉴定的程序和成果进行检查。

本指导标准的主编单位、主要起草人和主要审查人如下：

主 编 单 位：内蒙古中恒信工程造价咨询有限公司
　　　　　　广东天栋建设管理有限公司
　　　　　　翰景项目管理有限公司
主要起草人：刘　伟　曹　萍　李友春　陈少伟　袁月启　范东利
主要审查人：申卫东　冯　涛　王向东　刘浩然

目　录

1 总则 1
2 术语和定义 2
3 回避 3
4 鉴定基本原则 4
5 知识产权 4
6 严禁贿赂 5
7 鉴定依据 5
8 鉴定受理 5
9 鉴定组织 7
10 资料举证和质证 8
11 现场勘验 10
12 鉴定程序 10
13 鉴定方法 11
14 鉴定征询意见稿和鉴定结论 16
15 质询和补充鉴定 17
16 鉴定文件的组成和要求 17
17 质量标准 20
18 鉴定意见书的语言表述和格式 20
19 档案管理 20
附件 22

1 总　　则

1.1 为规范鉴定机构及其鉴定人员的建设工程造价鉴定活动，严格鉴定程序，提高工程造价鉴定成果质量，根据《中华人民共和国建筑法》（主席令第 29 号）、《中华人民共和国招标投标法》（主席令第 21 号）、《中华人民共和国合同法》（主席令第 15 号）、《全国人民代表大会常务委员会关于司法鉴定管理问题的决定》（2005 年 2 月 28 日第十届全国人民代表大会常务委员会第十四次会议通过）、《最高人民法院关于审理建设工程施工合同纠纷案件适用法律问题的解释》（2004 年 9 月 29 日最高人民法院审判委员会第 1327 次会议通过）（法释〔2004〕14 号）、《最高人民法院关于适用〈中华人民共和国民事诉讼法〉的解释》（2014 年 12 月 18 日最高人民法院审判委员会第 1636 次会议通过）（法释〔2015〕5 号）、《最高人民法院关于审理建设工程施工合同纠纷案件适用法律问题的解释（二）》（2018 年 10 月 29 日最高人民法院审判委员会第 1751 次会议通过）（法释〔2018〕20 号）、《最高人民法院关于民事诉讼证据的若干规定》（2019 年 10 月 14 日由最高人民法院审判委员会第 1777 次会议通过）（法释〔2019〕19 号）、《工程造价咨询企业管理办法》（建设部令第 149 号）、《注册造价工程师管理办法》（建设部令第 150 号）、《关于修改〈工程造价咨询企业管理办法〉〈注册造价工程师管理办法〉的决定》（住房和城乡部令第 50 号）、《建筑工程施工发包与承包计价管理办法》（住房和城乡建设部令第 16 号）、《司法鉴定程序通则》（司法部令第 132 号）、国家标准《建设工程造价鉴定规范》（GB/T 51262—2017）、国家标准《建设工程造价咨询规范》（GB/T 51095—2015）、中国建设工程造价管理协会标准《建设工程造价鉴定规程》（CECA/GC 8—2012）等有关法律、法规、规章、规范、标准制定本指导标准。

1.2 本指导标准规定了建设工程造价鉴定的程序、内容、方法以及依据等，为鉴定人员从事鉴定工作提供一定的方法指导和操作工具，并提供标准的鉴定常用表格和鉴定成果文件格式。

1.3 本指导标准适用于建设工程造价鉴定活动。

1.4 司法鉴定机构受理的诉前鉴定和非诉鉴定可参照本指导标准执行。

1.5 承办工程造价鉴定业务的鉴定机构（以下简称鉴定机构）必须是按照《工程造价咨询企业管理办法》取得了工程造价咨询资质的企业。

1.6 工程造价咨询企业应在其资质等级许可的范围内，接受国家机关、机构和社会组织、公民或其他主体的委托开展鉴定活动，超出资质等级许可出具的鉴定意见书无效，并应承担相应责任。

1.7 鉴定机构中主办工程造价鉴定的人员（以下简称"鉴定人员"）必须是按照《注册造价工程师管理办法》注册并就职于该鉴定机构的一级造价工程师，但因故意犯罪或者职务过失犯罪受过刑事处罚的，受过开除公职处分的人员，不得从事鉴定业务。

1.8 鉴定机构和鉴定人员在承办工程造价鉴定工作中除应符合本企业标准外，还应符合国家现行有关法律、法规、规章、行业和地方现行有关标准的规定及建设工程计价依据的要求。

2 术语和定义

下列术语和定义适用于本指导标准和技术流程。

2.1 工程造价鉴定

工程造价咨询人接受国家机关、机构和社会组织、公民或其他主体的委托，对纠纷项目的工程造价以及由此延伸而引起的经济问题，运用其建设工程造价方面的科学技术和专业知识进行鉴别、判断和评定并提供鉴定意见的活动，也称为工程造价司法鉴定。

2.2 举证资料

当事人按鉴定机构的要求提交或主动提交与本项目鉴定有关、尚未经当事人质证的资料，称为当事人提交的举证资料。鉴定委托人向鉴定机构转交，但要求鉴定机构对资料有效性进一步认定的资料称为鉴定委托人转交的举证资料。

2.3 鉴定资料

鉴定委托人向鉴定机构交付、能直接用作鉴定依据的资料称为鉴定资料，当事人向鉴定机构提交的举证资料，经过当事人之间交换、确认、质证后才可用作鉴定依据。

2.4 鉴定意见

工程造价咨询企业对受托鉴定纠纷项目作出的鉴定意见书及补充鉴定意见书、说明等统称为鉴定意见。

2.5 鉴定结论意见

鉴定意见中应含有结论性意见，鉴定结论意见可包括：可确定的鉴定结论意见，无法确定部分项目的鉴定结论意见。

2.6 鉴定委托人

本指导标准中定义的鉴定委托人是指有权委托工程造价鉴定的国家机关或机构，以及在诉前和非诉活动中的社会组织、公民或其他主体。

2.7 鉴定机构

本指导标准中定义的鉴定机构是指接受纠纷项目工程造价鉴定业务的工程造价咨询企业。

2.8 鉴定人员

本指导标准中定义的鉴定人员是指鉴定机构中接受纠纷项目工程造价鉴定业务委托的且注册在该鉴定机构的造价工程师及其他专业人员。

2.9 当事人

本指导标准中定义的当事人是指建设工程造价鉴定项目中各方法人、自然人或其他组织。

2.10 发包人

发包人是指与承包人签订合同协议书的当事人及取得该当事人资格的合法继承人。

2.11 承包人

承包人是指与发包人签订合同协议书的，具有相应工程施工承包资质的当事人及取得该当事人资格的合法继承人。

2.12 现场勘验

在鉴定委托人组织下或经鉴定委托人同意，鉴定机构会同各方当事人共同到达现场，凭借仪器设备及专用工具对受鉴项目进行观察、查勘（包括查询、查档、访问）、检验以及收集证据的活动。

2.13 委托文书

委托文书是指鉴定委托人依照法定条件和程序，委托具有工程造价咨询资质的企业，在一定期限内完成所确定的鉴定内容的具有法律效力的协议文本或合同文本，包括鉴定委托书或转办单、委托合同、鉴定合同等各种形式具有法律效力的文件。

2.14 鉴定合同

鉴定合同是指根据法律规定和鉴定委托人约定具有约束力的文件，构成合同文件包括合同协议书、合同通用条件、合同专用条件、补充条款和建设工程造价鉴定风险提示等合同文件。

2.15 不可抗力

鉴定委托人和鉴定机构在订立委托文书或鉴定合同时不可预见，在委托文书或合同履行过程中不可避免地发生且不能克服的自然灾害或社会性突发事件，如地震、海啸、瘟疫、骚乱、戒严、暴动、战争等情形。

3 回 避

3.1 鉴定机构应建立回避声明制度。

3.2 鉴定机构或鉴定人员具有下列情况之一的，应当自行回避；未自行回避，经当事人申请，鉴定委托人同意，通知鉴定机构决定其回避的，必须回避。

1 是鉴定项目的当事人、代理人，或者是当事人、代理人近亲属的；
2 鉴定机构、鉴定人员与鉴定项目有利害关系的；
3 担任过鉴定项目的证人、辩护人、诉讼代理人的；

4 担任过鉴定项目咨询、论证、勘察、设计、监理、施工、检测（测绘）任务的；

5 与鉴定项目当事人、代理人有其他关系可能影响鉴定结果公正的；

6 私自会见鉴定项目的当事人、代理人，或者接受当事人、代理人请客送礼的。

3.3 鉴定项目当事人及利害关系人向鉴定委托人提出鉴定机构或鉴定人员应当回避的，由鉴定委托人作出是否回避的决定，鉴定机构应接受鉴定委托人作出的决定。鉴定项目当事人及利害关系人向鉴定机构提出鉴定人员应当回避的，鉴定机构应接受其申请并根据实际情况作出是否回避的决定，如鉴定项目当事人及利害关系人不接受鉴定机构的决定，鉴定机构应向鉴定委托人反映，并提请鉴定委托人作出是否回避的决定，鉴定机构应接受鉴定委托人作出的决定。

3.4 鉴定人员自行提出回避并且理由成立的，由其所属的鉴定机构决定，并指派其他符合要求的人员担任鉴定人员。鉴定机构主动要求回避的，应说明回避理由，由鉴定委托人作出是否回避的决定。

3.5 鉴定委托人对鉴定机构是否实行回避的决定有异议的，可以撤销鉴定委托。

4 鉴定基本原则

工程造价鉴定活动应当遵循以下原则：

1 合法鉴定原则；

2 独立鉴定原则；

3 公正鉴定原则；

4 客观鉴定原则；

5 保密鉴定原则。

应遵守执业道德和职业纪律，尊重科学，遵守工程建设领域相关标准和规范要求。

根据《司法鉴定程序通则》（司法部令第132号）第六条的规定，司法鉴定机构和司法鉴定人应当保守在执业活动中知悉的国家秘密、商业秘密、不得泄露个人隐私。未经鉴定委托人的同意，不得向他人或者组织提供与鉴定事项有关的信息，但法律、法规另有规定的除外。这一原则的确定，是为了保护国家机密和维护当事人的隐私，也是为了保证鉴定结果的合理、合法、公平、公正。

5 知识产权

5.1 鉴定机构为实施鉴定而自行编制（研制）或委托编制（研制）的技术规范、标准、规程、讲义、专利、专有技术、技术秘密、鉴定咨询过程文件、成果文件以及反映鉴定机构要求的或其他类似性质的文件的著作权属于鉴定机构。

5.2 委托文书（鉴定合同）当事人保证在履行合同过程中不侵犯对方及第三方的知识产权。

6 严禁贿赂

当事人不得以贿赂或变相贿赂的方式,谋取非法利益或损害对方的权益,因一方当事人的贿赂造成对方损失的,应当赔偿损失,并承担相应的法律责任。

鉴定机构不得与当事人串通损害另一方当事人利益,鉴定机构不得以任何方式收受当事人任何形式的贿赂,以免带来对鉴定工作的不利后果。

7 鉴定依据

7.1 工程造价鉴定的依据是得出客观、真实、可信的鉴定结论,鉴定依据是否真实、齐备直接影响到工程造价鉴定的质量,一般情况下,工程造价鉴定依据主要如表7.1所示。

工程造价鉴定依据　　　　　表 7.1

行为依据	委托文书或鉴定合同
法律、法规等依据	《中华人民共和国建筑法》(主席令第29号); 《中华人民共和国合同法》(主席令第15号); 《中华人民共和国招标投标法》(主席令第21号); 《全国人民代表大会常务委员会关于司法鉴定管理问题的决定》(2005年2月28日第十届全国人民代表大会常务委员会第十四次会议通过); 《最高人民法院关于审理建设工程施工合同纠纷案件适用法律问题的解释》(法释[2004]14号); 《最高人民法院关于适用〈中华人民共和国民事诉讼法〉的解释》(法释[2015]5号); 《最高人民法院关于审理建设工程施工合同纠纷案件适用法律问题的解释(二)》(法释[2018]20号); 《最高人民法院关于民事诉讼证据的若干规定》(法释[2019]19号); 《工程造价咨询企业管理办法》(建设部令第149号); 《注册造价工程师管理办法》(建设部令第150号); 《关于修改〈工程造价咨询企业管理办法〉〈注册造价工程师管理办法〉的决定》(住房和城乡建设部令第50号); 《建筑工程施工发包与承包计价管理办法》(住房和城乡建设部令第16号); 《司法鉴定程序通则》(司法部令第132号)
行业规范、标准及规程	国家标准《建设工程造价鉴定规范》(GB/T 51262—2017); 国家标准《建设工程造价咨询规范》(GB/T 51095—2015); 协会标准《建设工程造价鉴定规程》(CECA/GC8—2012); 《工程造价咨询业务指导操作规程》[中价协(2002)第016号]
分析(或计算)依据	招标文件、投标文件、中标通知书、工程施工承包合同、补充合同或补充协议; 工程建设过程中产生的资料,如工程概(预)算书、竣工结(决)算书、工程变更与签证、设备和材料采购合同、会议纪要、施工组织设计等; 工程技术文件及档案,如设计图纸、施工图纸、竣工图纸、地质勘探资料、施工日志、开工、竣工报告; 政府部门发布的有关定额、标准、规程、规范等计价依据; 根据工程具体情况应依据的有关文件、其他资料等; 鉴定委托人提交的证据材料,当事人提交的经质证后的证据材料,现场勘验记录等

8 鉴定受理

8.1 接收鉴定委托,建立"工程造价鉴定工作流程信息表"(附表1),并将下述鉴定工作依次记录在案,载明鉴定过程中每项鉴定事项发生的时间、事由,形成的记录种类,各项记录应进行唯一性和连续性标识,做好造价鉴定工作的日常工作记录"工程造价鉴定工作记录"(附表29)。

8.2 接收委托文书和资料,向鉴定委托人出具"工程造价鉴定送鉴资料签收清单"(附表2)一式两份接收举证资料或送鉴资料。

8.3 对委托文书的范围、内容、要求和期限进行评议,如有疑问,及时与鉴定委托人联系,发出"工作联系函"(附表26),排除疑问。

8.4 经鉴定委托人同意,向当事人了解情况或交流情况,对当事人在委托文书的范围、内容、要求和期限进行进一步沟通,当事人如有异议,鉴定机构应及时向鉴定委托人反映;必要时发出"工作联系函"(附表26)。

8.5 对委托事项进行审查、评议,鉴定机构最迟应在收到举证资料或送鉴资料3日内,根据已收到的举证资料或送鉴资料和自身专业能力,判断能否受理该项鉴定,并对委托事项作出评议结果。

8.6 具有下列情形之一的鉴定委托,鉴定机构应不得受理其业务:

1 委托鉴定事项的用途不合理或者违背行业或社会公德的;

2 委托鉴定事项超出鉴定机构咨询业务范围的;

3 委托鉴定事项超出鉴定机构资质等级范围的;

4 对鉴定要求不符合鉴定执业规程或者相关鉴定技术规范的;

5 委托鉴定事项超出鉴定机构技术条件和鉴定能力的;

6 当事人对委托鉴定事项不配合,导致鉴定不能进行的;

7 同时委托其他鉴定机构就同一鉴定事项进行鉴定的;

8 鉴定资料未经过质证或者取得方式不合法的;

9 不符合本指导标准第8.7条规定的;

10 其他不符合法律、法规、规章规定情形的。

对不予受理的,鉴定机构应向委托人说明理由,退还其已提供的所有资料。

8.7 鉴定机构遇有下列情形之一的,可终止鉴定:

1 委托鉴定事项的用途不合理或者违背行业或社会公德的;

2 委托鉴定事项超出鉴定机构咨询业务范围的;

3 委托鉴定事项超出鉴定机构资质等级范围的;

4 对鉴定要求不符合鉴定执业规程或者相关鉴定技术规范的;

5 委托鉴定事项超出鉴定机构技术条件和鉴定能力的;

6 当事人对鉴定人员发出威胁、导致鉴定不能进行的;

7 鉴定委托人对委托鉴定事项不配合或不履行应尽的责任或义务,导致鉴定不能进行的;

8 因不可抗力致使鉴定无法继续进行的;

9 由于送鉴资料不全或案情特别复杂等情况,使鉴定工作无法正常进行的;

10 需要补充举证资料或鉴定资料无法补充时,出现鉴定机构难以解决技术问题的;

11 鉴定委托人撤销鉴定委托或者主动要求终止鉴定的；

12 鉴定机构无法（预）收到鉴定费用的；

13 其他不符合法律、法规、规章规定情形的。

终止鉴定的，鉴定机构应当及时书面通知委托人，说明理由，并退还鉴定材料。

终止鉴定的，鉴定机构应根据终止的原因及责任，酌情退还有关鉴定费用。

8.8 如能受理，按照行业收费标准或企业收费标准与鉴定委托人确定收费金额，约定缴费人与缴费时间，不能受理的，说明原因，并退回举证资料和送鉴资料。鉴定机构不得在鉴定期满后以上述理由不作出鉴定结论，以免影响鉴定委托人对鉴定事项的处理。

8.9 鉴定机构受理委托的鉴定事项在鉴定过程中用时较长，或鉴定机构在鉴定过程中，遇有复杂、疑难、特殊的技术问题或其他特殊情况，无法事先确定鉴定费用的，可分阶段通过鉴定委托人向当事人收取鉴定费用。

8.10 对委托事项的受理，鉴定机构最迟应在收到举证资料或送鉴资料5日内签署委托文书或鉴定合同，委托文书和鉴定合同宜采用书面形式，应详细载明受委托单位、鉴定范围、要求、提供的材料、案情简介、委托单位和委托时间，委托文书和鉴定合同中明确的鉴定范围、内容应与鉴定结论意见一致，不得超出或缩小鉴定范围。

8.11 向鉴定委托人送达委托文书或鉴定合同、"鉴定费支付通知书"（附表3）和"工程造价鉴定风险提示"（附表30），并签收"工程造价鉴定文书签收回单"（附表4）；

8.12 当事人在收到"鉴定费支付通知书"（附表3）后10日内需付清款项，超出付款期限后连续二次书面催告后，拒不支付的，鉴定机构可中止鉴定；另依照最高人民法院并于印发《人民法院司法鉴定工作暂行规定》的通知［法发（2001）23号］中第五章第二十二条：具有下列情形之一，影响鉴定期限的，应当中止鉴定：（一）受检人或者其他受检物处于不稳定状态，影响鉴定结论的；（二）受检人不能在指定的时间、地点接受检验的；（三）因特殊检验需预约时间或者等待检验结果的；（四）须补充鉴定材料的。

9 鉴定组织

9.1 鉴定机构接受委托后，应成立鉴定项目部（组），由三人以上单数组成，其中项目负责人必须是注册在该鉴定机构的一级造价工程师，设置"工程造价鉴定人员配置表"（附表5），向鉴定委托人送达"工程造价鉴定组成人员通知函"（附表9），载明工程造价鉴定组成人员的姓名、专业技术任职资格和专业技术职业资格。

9.2 为保证鉴定工作的进度，鉴定项目部（组）应根据项目的工程造价金额，在"鉴定期限表"（表9.1）规定的时限内完成鉴定工作，遇到项目情况复杂、疑难或当事人不配合情况，鉴定机构不能在规定期限内完成鉴定工作时，应按照相关规定提前向鉴定委托人申请延长签订期限，并在其允许的延长期限内完成鉴定工作。

鉴定期限表　　　　　　　　　　　表9.1

项目工程造价金额（万元）	期限（自然天）
≤500	60
500～2000	90
2000～5000	120
5000～10000	150
>10000	180

9.3 为了保证鉴定工作的质量，鉴定项目部（组）应制定相应的"工程造价鉴定工作计划"（附表10）和"工程造价鉴定方案"（附表11），按照鉴定机构的鉴定流程或程序开展工作。

9.4 鉴定项目部（组）及时熟悉鉴定资料，召开工程造价鉴定审前会议，形成"工程造价鉴定（审前）会议签到表"（附表6）、"工程造价鉴定（审前）会议纪要"（附表7）和"工程造价鉴定业务分析表"（附表8），需要当事人提前补充资料的，由鉴定机构开具由鉴定委托人转达的"要求当事人提交举证资料的函"（附表16），并在函件中约定提交举证期限，举证期限应从当事人收到鉴定机构要求其提交资料清单次日起算，不少于五个工作日。

10 资料举证和质证

10.1 鉴定委托人直接交由鉴定机构作为鉴定依据的鉴定材料，经鉴定委托人同意，鉴定机构可不再与当事人交换证据或质证，直接作为鉴定依据使用，否则应当提请鉴定委托人组织当事人交换证据并质证。

10.2 鉴定委托人要求鉴定机构直接向当事人收取举证资料或由当事人直接向鉴定机构提交举证资料的项目，鉴定机构应及时向当事人出具"要求当事人提交举证资料的函"（附表16），并指定举证期限。

10.3 鉴定过程中，鉴定机构需要当事人提交补充举证资料的，当事人可以将补充举证资料交至鉴定委托人，鉴定机构出具"工程造价鉴定送鉴资料签收清单"（附表2），鉴定机构按10.1条办理。

10.4 对于当事人在鉴定机构要求提交的举证资料清单之外，主动提交与鉴定项目有关的资料，鉴定机构应将其一并列入鉴定意见书中的举证资料清单中。

10.5 超过了举证期限或随着鉴定工作的深入，当事人向鉴定机构主动要求补充举证资料的，应要求当事人首先向鉴定委托人提出申请，经鉴定委托人同意，鉴定机构应要求当事人补交举证资料，并经质证后方可作为鉴定资料。

10.6 鉴定机构不宜收取鉴定资料或举证资料原件，宜收取经核对无误的复制件，必要时可采取原件扫描、拍照、摄像等方法留取证据。鉴定机构必须将复制件与原件进行核对，核对无误后在复制件上注明"经与原件核对无误"字样。

10.7 按鉴定委托人要求，由鉴定机构直接向当事人收取举证资料或当事人直接向鉴定机构提交举证资料时，鉴定机构均应对当事人提交举证资料指定期限，举证期限应执行鉴定委托人直接指定的举证期限，如果鉴定委托人未指定举证期限，鉴定机构可依法向当事人指定举证期限，并告知鉴定委托人。举证期限应从当事人收到鉴定机构要求提交举证资料清单次日算起，不少于五个工作日，最长不超过十个工作日。

10.8 当事人在举证期限内提交举证资料确有困难的，应当在举证期限内向鉴定机构申请延期举证，由鉴定机构报经鉴定委托人允许，可以适当延长举证期限。当事人在延长的举证期限内提交举证资料仍有困难的，可以再次提出延期申请，是否准许由鉴定委托人决定。

10.9 当事人在举证期限内不提交举证资料的，视为放弃举证权利。对于当事人逾期提交的举证资料，鉴定机构在鉴定时不组织质证，但对经鉴定委托人同意或当事人同意质证的除外。当事人增加、变更诉讼请求或提出反诉而增加了鉴定范围或内容的，应当在举证期限届满前提出，经鉴定委托人同意，鉴定机构应重新指定举证期限。

10.10 对于当事人逾期提交的举证资料，鉴定机构不得擅自组织交换证据及质证，但经鉴定委托人同意的除外。

10.11 对于当事人增加、变更鉴定请求或提出反诉的而改变鉴定范围或内容的，应及时告知当事人向鉴定委托人提出申请，鉴定机构不得直接受理，鉴定机构必须收到原鉴定委托人新的鉴定委托书或补充鉴定委托书，才能按照新的鉴定委托书或补充鉴定委托书规定的范围和内容，按上述规定实施鉴定。

10.12 鉴定机构收齐资料后，应对鉴定材料进行全面、深入、细致的审阅和核对，并向鉴定委托人发出"提请召开鉴定项目质证会议的函"（附表12），通知应明确载明质证会议的会议内容、时间、地点及参加质证会议的人员，提请鉴定委托人主持、组织交换资料和质证会议，鉴定委托人委托鉴定机构自行组织交换资料并质证的，鉴定机构应在鉴定委托人规定的期限内及时组织交换资料和质证活动，一方当事人不同意参加交换和质证的或参加了交换和质证的，但不认可又不提供或不愿意对举证资料、程序确认签字的，不影响鉴定工作的正常进行，质证会议由鉴定机构出具"工程造价鉴定（质证）会议签到表"（附表13）、"工程造价鉴定（质证）会议纪要"（附表14）、"工程造价鉴定（质证）资料明细表"（附表15）。质证会议内容一般包括：向当事人双方了解鉴定项目的基本情况及纠纷产生的原因，要求当事人双方在规定期限内提供全部或可能的证据资料，要求双方当事人对所提交的资料进行资料质证，解决鉴定中有关政策、技术、计量和计价等具体问题。

10.13 质证记录须经当事人、鉴定机构和鉴定委托人四方签字确认，对于项目纠纷其中一方当事人不同意参加双方证据交换、确认、签字和质证程序或参加了双方证据交换、确认、签字和质证程序，但不愿意对程序确认、签字的，应提请鉴定委托人决定处理办法。

10.14 对当事人经过双方证据交换、确认、签字、质证的举证资料，应作为鉴定资料列为鉴定依据，用以计算并纳入可以确定的鉴定结论意见，对当事人经过双方证据交换、质证后当事人一方不认可的资料，鉴定机构应提请鉴定委托人决定处理办法，对鉴定委托人授权鉴定机构决定的，鉴定机构应依据工程造价专业技术和知识及有关政策、法规对鉴定资料甄别后予以区别对待，用以计算并纳入可以确定的鉴定结论意见，用以计算或估算并区别原因纳入无法确定的部分项目鉴定结论意见。

10.15 对鉴定委托人已经质证再转交的补充资料，鉴定机构可以直接作为鉴定资料使用，对鉴定委托人转交，但未经质证的资料或当事人直接补充的举证资料，鉴定机构应按上述规定执行取证和质证等程序。

10.16 经过当事人证据交换、确认、签字、质证的举证资料，应作为鉴定资料列为鉴定依据，一方当事人不认可的资料，鉴定机构应依据法律法规、工程造价专业技术和知识及有关政策对资料予以甄别区别对待。

11 现场勘验

11.1 根据项目鉴定工作需要，鉴定机构应提请鉴定委托人组织当事人对被鉴定标的物进行现场勘验。

11.2 鉴定机构组织当事人对被鉴定标的物进行现场勘验的，应先填写"工程造价鉴定现场勘验通知书"（附表17），书面通知鉴定委托人，由鉴定委托人通知当事人参加，同时应提请鉴定委托人派员参加，当事人拒绝参加勘验的，不影响鉴定工作的正常进行，且应提请鉴定委托人决定处理办法，并在鉴定意见书中作出表述。

11.3 勘验现场应制作"工程造价鉴定现场勘验签到表"（附表18）、"现场勘验记录和图表"（附表19）和"现场勘验记录和图表附件"（附表20），以上图表应详细记录勘验的时间、地点、勘验经过和结果，双方当事人、鉴定机构和鉴定委托人应对"工程造价鉴定现场勘验签到表"（附表18）、"现场勘验记录和图表"（附表19）和"现场勘验记录和图表附件"（附表20）签字确认，当事人不肯签字确认的，请鉴定委托人决定处理办法，并在鉴定意见书中作出表述，绘制的现场图应注明绘制的时间、方位、测绘人员的姓名、身份等内容，勘验现场应有专人负责拍照和摄像，并将现场主要照片打印粘贴于"现场勘验记录和图表附件"（附表20）内，并留取影像资料。

12 鉴定程序

12.1 鉴定机构和鉴定项目部（组）在完成鉴定准备工作、鉴定取证、举证资料的交换和质证及现场勘验的程序后，应将所有鉴定资料原件编号汇总形成资料清单，交付于档案管理人员封存，将复制件履行交接手续后交付于鉴定项目部（组），即进入鉴定工作程序。

12.2 鉴定机构对项目鉴定工作应按委托文书或鉴定合同规定的鉴定范围、内容、要求、期限和鉴定咨询业务管理规定，建立相应的质量管理体系，通过书面管理计划、流程控制程序等保证鉴定工作质量。

12.3 进入鉴定工作程序后，鉴定机构运用本指导标准中的鉴定方法和采取与当事人核对工程量、依据建设工程计价依据计取单价和费用、核定材料价格等过程后逐步完成鉴定；对鉴定委托人认为鉴定机构不必要与当事人核对的，或鉴定机构认为不必要与当事人核对的鉴定项目，鉴定机构可直接出具鉴定意见征询意见稿或终稿鉴定意见书。

12.4 鉴定项目具有核对程序的，鉴定机构开展每一步核对工作前，均应事先通过鉴定委托人给当事人出具"邀请当事人参加鉴定核对工作通知函"（附表23），对当事人不愿意参加核对工作的，应请鉴定委托人决定处理办法。

12.5 鉴定项目具有核对程序的，在鉴定项目核对过程中，鉴定核对人员宜请当事人对每天核对后的结果作出书面确认，对当事人不及时书面确认的，鉴定机构可分步出具工程量计算书征询意见稿或其他阶段性成果文件，但每一次征询意见稿均应报经鉴定委托人同意后再交当事人征询意见。鉴定机构在每一次出具征询意见稿时，均应同时向所有当事人出具"工程造价鉴定征询意见函"（附表25）；鉴定机构对每一个鉴定工作程序的阶段性成果均应要求所有当事人书面确认，当事人不发表书面意见或书面确认的，鉴定机构应提请鉴定委托人决定处理办法。

13 鉴定方法

13.1 项目鉴定范围和内容必须符合鉴定委托文书，鉴定成果文件表述的鉴定范围和内容必须符合鉴定委托文书要求，不得作出不符合委托的鉴定表述。

13.2 在鉴定项目合同约定有效的情况下，鉴定应采用当事人合同约定的计价方法，除非合同当事人双方另行达成一致约定，否则不得采用不符合原合同约定的计价方法作出鉴定意见，也不得修改原合同计价方式而作出鉴定意见。

13.3 如果当事人鉴定项目合同出现如下情况，鉴定机构可以以事实为依据，根据国家法律、法规、规章和规范性文件，有权机关发布的标准和有关规定，独立选择适用的计价依据和方法形成鉴定意见，选择计价依据和方法的理由应在成果文件中表述：

1 合同无效；

2 合同对计价依据和方法约定不明；

3 合同约定的计价依据和方法无法对纠纷部分进行鉴定。

13.4 鉴定项目可分为单项工程、单位工程、分部分项工程的，应按单项工程、单位工程、分部分项工程的划分规定，分别计算后汇总。

13.5 鉴定机构在开展鉴定工作之前应首先确定合同性文件的解释顺序。

在遵守国家法律、法规及规范，鉴定项目各个合同性文件合法、有效及具有优先解释顺序约定的前提下，对合同约定了优先解释的顺序项目，按照其约定的优先解释顺序开展鉴定。对合同没有约定优先解释顺序的鉴定项目，鉴定机构宜提请鉴定委托人指定优先解释顺序，鉴定委托人要求鉴定机构确定合同优先解释顺序的，宜选择如下优先解释顺序：

1 补充协议；

2 协议书；

3 中标通知书；

4 投标函及其附录；

 5 专用合同条款及其附件；

 6 通用合同条款；

 7 技术标准和要求；

 8 图纸；

 9 已标价工程量清单、工程报价单和预算书；

 10 其他合同文件。

当上述文件不全时，其顺序依然有效。

合同履行中，当事人有关工程的洽商、变更、索赔等书面协议或文件的解释顺序按时间排序，后立的文件优先于先立的文件。

13.6 如果当事人对鉴定项目合同、工程量清单、洽商、变更、索赔、工程报价单或结算书等有关文件有效性有分歧的，其有效性应提请鉴定委托人决定，如果是因对国家计价规定性文件有不同理解而产生的分歧，分歧各方应共同提请相应有权机关解释。鉴定委托人要求鉴定机构作出鉴别和判断的，鉴定机构可依据工程造价方面的专业知识进行鉴别和判断并提供鉴定意见。

13.7 下列事项（但不限于）发生，发承包双方应当按照合同约定调整合同价款：

 1 法律法规变化；

 2 工程变更；

 3 项目特征不符；

 4 工程量清单缺项；

 5 工程量偏差；

 6 计日工；

 7 物价变化；

 8 暂估价；

 9 不可抗力；

 10 提前竣工（赶工补偿）；

 11 误期赔偿；

 12 索赔；

 13 现场签证；

 14 暂列金额；

 15 发承包双方约定的其他事项。

13.8 出现合同价款调增事项（不含工程量偏差、计日工、现场签证、索赔）后的14天内，承包人应向发包人提交合同价款调增报告并附相关资料；承包人在14天内未提交合同价款调增报告的，应视为承包人对该事项不存在调整价款请求。

13.9 出现合同价款调减事项（不含工程量偏差、计日工、现场签证、索赔）后的14天内，发包人应向承包人提交合同价款调减报告并附相关资料；发包人在14天内未提交合同价款调减报告的，应视为发包人对该事项不存在调整价款请求。

13.10 发包人与承包人对合同价款调整的不同意见不能达成一致的，只要对发承包双方履约不产生实质影响，双方应继续履行合同义务，直到其按照合同约定的争议解决方式得到处理。

13.11 经发承包双方确认调整的工程价款，作为追加（减）合同价款，应与工程进度款或结算款同期支付。

13.12 招标工程以投标截止日前28天、非招标工程以合同签订前28天为基准日，其后因国家法律、法规、规章和政策发生变化引起工程造价增减变化的，发承包双方应按照省级或行业建设主管部门或其授权的工程造价管理机构据此发布的规定调整合同价款。

13.13 因承包人导致工期延误的，按本指导标准第13.12条规定的调整时间，在合同工程原定竣工时间之后，合同价款调增的不予调整，合同价款调减的予以调整。

13.14 因工程变更引起已标价工程量清单项目或其工程数量发生变化时，应按照下列规定调整：

1 已标价工程量清单中有适用于变更工程项目的，应采用该项目的单价；但当工程变更导致该清单项目的工程数量发生变化，且工程量偏差超过15%时，该项目单价应按照本指导标准第13.23条的规定调整；

2 已标价工程量清单中没有适用但有类似于变更工程项目的，可在合理范围内参照类似项目的单价；

3 已标价工程量清单中没有适用也没有类似于变更工程项目的，应由承包人根据变更工程资料、计量规则和计价办法、工程造价管理机构发布的信息价格和承包人报价浮动率提出变更工程项目的单价，并应报发包人确认后调整。承包人报价浮动率可按下列公式计算：

招标工程：
$$承包人报价浮动率 L = (1 - 中标价/招标控制价) \times 100\%$$

非招标工程：
$$承包人报价浮动率 L = (1 - 报价值/施工图预算) \times 100\%$$

4 已标价工程量清单中没有适用也没有类似于变更工程项目的，且工程造价管理机构发布的信息价格缺失的，应由承包人依据变更工程资料、计量规则、计价办法和通过市场调查等取得有合法依据的市场价格提出变更工程项目的单价，并应报发包人确认后调整。

13.15 工程变更引起施工方案改变并使措施项目发生变化时，承包人提出调整措施项目费的，应事先将拟实施的方案提交发包人确认，并应详细说明与原方案措施项目相比的变化情况。

拟实施的方案经发承包双方确认后执行，并应按照下列规定调整措施项目费：

1 安全文明施工费应按照实际发生变化的措施项目依据国家或省级、行业建设主管部门的规定计算，不得作为竞争性费用；

2 采用单价计算的措施项目费，应按照实际发生变化的措施项目，按本指导标准第13.14条的规定确定单价；

3 按总价（或系数）计算的措施项目费，按照实际发生变化的措施项目调整，但应考虑承包人报价浮动因素，即调整金额按照实际调整金额乘以本指导标准第 13.14 条规定的承包人报价浮动率计算。

如果承包人未事先将拟实施的方案提交给发包人确认，则应视为工程变更不引起措施项目费的调整或承包人放弃调整措施项目费的权利。

13.16 当发包人提出的工程变更因非承包人原因删减了合同中的某项原定工作或工程，致使承包人发生的费用或（和）得到的利益不能被包括在其他已支付或应支付的项目中，也未被包含在任何替代的工作或工程中时，承包人有权提出并应得到合理的费用及利润补偿。

13.17 发包人在招标工程量清单中对项目特征的描述。应被认为是准确的和全面的，并且与实际施工要求相符合。承包人应按照发包人提供的招标工程量清单，根据项目特征描述的内容及有关要求实施合同工程，直到项目被改变为止。

13.18 承包人应按照发包人提供的设计图纸实施合同工程，若在合同履行期间出现设计图纸（含设计变更）与招标工程量清单任一项目特征描述不符，且该变化引起该项目工程造价增减变化的，应按照实际施工的项目特征，按照本指导标准第 13.14～13.16 条相关条款的规定重新确定相应工程量清单项目的综合单价，并调整合同价款。

13.19 鉴定项目合同履行期间，由于招标工程量清单中缺项，新增分部分项工程清单项目的，按照本指导标准第 13.14 条的规定确定单价，并调整合同价款。

13.20 新增分部分项工程清单项目后，引起措施项目发生变化的，应按照本指导标准第 13.15 条的规定，在承包人提交的实施方案被发包人批准后调整合同价款。

13.21 由于招标工程量清单中措施项目缺项，承包人应将新增措施项目实施方案提交发包人批准后，按照本指导标准第 13.14 条、第 13.15 条的规定调整合同价款。

13.22 鉴定项目合同履行期间，当应予计算的实际工程量与招标工程量清单出现偏差，且符合本指导标准第 13.23 条、第 13.24 条规定时，发承包双方应调整合同价款。

13.23 对于任一招标工程量清单项目，当因规定的工程量偏差和规定的工程变更等原因导致工程量偏差超过 15％时，可进行调整。当工程量增加 15％以上时，增加部分的工程量的综合单价应予调低；当工程量减少 15％以上时，减少后剩余部分的工程量的综合单价应予调高。

13.24 当工程量出现本指导标准第 13.23 条的变化，且该变化引起相关措施项目相应发生变化时，按系数或单一总价方式计价的，工程量增加的措施项目费调增，工程量减少的措施项目费调减。

13.25 当事人要求因物价问题调整合同价款时，对建设施工合同履行期间，因人工、材料、工程设备、机械台班价格波动影响合同价款时，应根据合同约定，按照价格指数调整方法或造价信息调整方法来调整合同价款。

13.26 承包人在合同中未约定主要材料、工程设备价格变化的范围和幅度，且材料、工程设备单价变化超过 5％时，超过部分的价格按照价格指数调整方法或造价信息调整方法来调整材料和工程设备费。

13.27 当事人发生合同工期延误的，应按照下列规定确定合同履行期间的价格调整：

1 因非承包人的原因导致工期延误的，计划进度日期后续工程的价格，应采用计划进度日期与实际进度日期两者的较高者。

2 因承包人原因导致工期延误的，计划进度日期后续工程的价格，应采用计划进度日期与实际进度日期两者的较低者。

13.28 发包人供应材料和工程设备的，不适用本指导标准第13.25条、第13.26条规定，应由发包人按照实际变化调整，列入合同工程的工程造价内。

13.29 因不可抗力事件导致的人员伤亡、财产损失及其费用纠纷的，发承包双方应按下列原则分别承担并调整合同价款和工期：

1 合同工程本身的损害、因工程损害导致第三方人员伤亡和财产损失以及运至施工场地用于施工的材料和待安装的设备的损害，应由发包人承担；

2 发承包人员伤亡应由其所在单位负责，并应承担相应的费用；

3 承包人的施工机械设备损坏及停工损失，应由承包人承担；

4 停工期间，承包人应发包人要求留在施工场地的必要的管理人员及保卫人员的费用应由发包人承担；

5 工程所需清理、修复费用，应由发包人承担；

6 不可抗力解除复工的，若不能按期竣工，应合理延长工期，发包人要求赶工的，赶工费应由发包人承担。

13.30 由于不可抗力解除合同的，发包人应向承包人支付合同解除之日前已完成工程但尚未支付的合同价款。此外，发包人还应支付下列金额：

1 超过定额工期20％的赶工费用；

2 已实施或部分实施的措施项目应付价款；

3 承包人为合同工程合理订购且已交付的材料和工程设备货款；

4 承包人撤离现场所需的合理费用，包括员工遣送费和临时工程拆除、施工设备运离现场的费用；

5 承包人为完成合同工程而预期开支的任何合理费用，且该项费用未包括在本款其他各项支付之内。

发承包双方办理结算工程款时，应扣除合同解除之日前发包人向承包人收回的价款。

13.31 合同中未明确计价中的风险因素，或采用无限风险、所有风险或类似语句约定计价中的风险因素，但随后为此发生纠纷的，按以下规定分担风险责任：

1 由于下列因素出现，影响合同价款调整的，应由发包人承担：

　1）国家法律、法规、规章和政策发生变化；

　2）省级或行业建设主管部门发布的人工费调整，但承包人对人工费或人工单价的报价高于发布的除外；

　3）由政府定价或政府指导价管理的原材料等价格进行了调整的。

2 当事人在合同中未约定调价因素，鉴定机构应首先要求当事人协商确定鉴定中需要调价的因素；当事人不能协调达成一致意见的，鉴定机构应提请鉴定委托人确定调价因素；鉴定委托人要求鉴定机构确定调价因素的，鉴定机构可依据工程造价专业知识进行鉴别和判断并提供鉴定意见。

3 当事人未约定调价计算方法的，鉴定机构应首先要求当事人协商确定鉴定中需要采用的计算方法；当事人不能协调达成一致意见的，鉴定机构应提请鉴定委托人确定计算方法；鉴定委托人要求鉴定机构确定计算方法的，鉴定机构可依据工程造价专业知识进行鉴别和判断并提供鉴定意见。

4 合同约定由承包人采购材料和工程设备的，物价风险应由发承包双方合理分摊：
  1) 如主要材料、工程设备单价变化小于或等于5%的，不予调整；
  2) 如主要材料、工程设备单价变化大于5%的，如合同工期得到履行，发承包双方各承担50%。

5 由于承包人使用机械设备、施工技术以及组织管理水平等自身原因造成施工费用增加的，应由承包人全部承担。

6 管理费和利润风险全部由承包人承担。

14　鉴定征询意见稿和鉴定结论

14.1 工程造价鉴定应依照行业有关规定实行三级复核制，即项目部人员、复核人和审定人三级复核制，自查和复核形成"工程造价鉴定意见表"（附表24），审定形成"工程造价鉴定会议签到表"（附表21）、"工程造价鉴定会议纪要"（附表22）及"工程造价鉴定意见表"（附表24）。

不同单位工程的经办人员与审核人员可以互相交叉，但同一人不得同时兼任同一单位工程的经办和审核。对鉴定项目争议较大又必须作出最终鉴定结果的项目实行合议制定案，即鉴定机构组织专家论证、评议，在充分讨论的基础上用表决方式确定鉴定方案或结论性意见。鉴定合议会议应作详细记录并形成会议纪要，记录表决情况，合议组作出的决定由合议组集体负责，并进入鉴定结论，少数人的意见可以保留并记录在案，并形成"工程造价鉴定会议签到表"（附表21）、"工程造价鉴定会议纪要"（附表22）及"工程造价鉴定意见表"（附表24）。

14.2 鉴定机构在出具鉴定意见征询意见稿或正式鉴定意见书之前，应先征询鉴定委托人意见，并报经鉴定委托人审阅，并征求是否向当事人征询意见，鉴定机构如向当事人出具鉴定意见征询意见稿时，同时还须出具"工程造价鉴定征询意见函"（附表25），向当事人指定准确的答复期限及其相应的法律责任。

14.3 鉴定机构收到鉴定意见征询稿各方复函后，应对各方的复函意见进行认真的查阅和复核，作出完善、充分的修订，再报经鉴定委托人同意后出具正式鉴定意见书和"工程造价鉴定综合评价意见记录表（附表27）"，鉴定机构在完成出庭和补充鉴定意见（如有）后，可将需退还的资料整理后退还鉴定委托人，出具"工程造价鉴定送鉴资料签退清单（附表31）"。

15 质询和补充鉴定

15.1 鉴定机构及鉴定人员对鉴定意见书应当依法履行出庭接受质询的义务,并做好"工程造价鉴定(出庭)会议纪要"(附表28),事后要出具书面答复意见。

15.2 鉴定结论意见有缺陷,能够通过补充鉴定、重新质证或补充质证等方法解决的下列情形,鉴定机构和鉴定人员应当做出补充鉴定意见:

1 鉴定委托人增加新的鉴定要求的;

2 鉴定委托人发现委托的鉴定事项有遗漏的;

3 鉴定委托人在纠纷解决过程中又提供或者补充了新的鉴定资料的;

4 在纠纷解决过程中,鉴定人员因深入了解了分歧因素,发现问题需要作出补充鉴定的;

5 其他需要补充鉴定的情形。

补充鉴定意见是原鉴定意见的组成部分。对因本条列举的上述情况而改变了计价条件、计价方法作出补充鉴定意见,导致其与原鉴定意见不一致的,不属于原鉴定机构或原鉴定人员的错误,不应追究原鉴定机构或原鉴定人员的责任。

15.3 当事人对鉴定结论意见有异议而重新申请鉴定,提出证据证明鉴定结论意见确实存在下列情形之一的,鉴定委托人可以重新委托:

1 鉴定机构或者鉴定人员不具备相关的鉴定资格的;

2 鉴定程序严重违法的;

3 鉴定结论意见明显依据不足的;

4 鉴定人员按规定应当回避而没有回避的;

5 经过质证认定不能作为证据使用的其他情形。

16 鉴定文件的组成和要求

16.1 过程文件的组成和要求

16.1.1 工程造价鉴定过程文件应包括提请鉴定委托人转交鉴定资料的函、要求当事人提交举证资料的函、补交举证资料申请函、工作计划、鉴定方案、当事人交换证据或质证的记录文件、现场勘验通知书、签到表、各阶段造价计算征询意见稿及其回复或核对记录、鉴定意见书征询意见函及其回复、鉴定工作会议纪要及开庭记录、工作联系函、工作记录、工作底稿、资料移交单等。

16.1.2 鉴定机构的工作底稿应包括鉴定编制人的编制工作底稿、审核人的审核工作底稿、审定人的审定工作底稿、询价记录、各种有关记录等。

16.1.3 鉴定项目的举证资料、鉴定资料等原始依据应执行当地建设行政主管部门对建设工程造价咨询业务档案管理的规定，其内容包括但不限于以下由当事人提交或鉴定委托人转交给鉴定机构并与本鉴定项目有关的资料：

1 合同类文件：施工合同、专业或劳务分包合同、补充合同、采购合同、租赁合同；

2 招标投标类文件：招标文件、投标文件、澄清函或答疑文件、中标通知书；

3 标准、规范及有关技术类文件：需要特别表述的标准、规范及有关技术类文件清单；

4 图纸类文件：施工图纸或竣工图纸；

5 造价类文件：工程量清单、投标报价书或报价单、工程结算书或招标控制价文件等；

6 变更、签证类文件：会议纪要、工程变更、签证、工程洽商、有关通知、信件、数据电文等以及当事人举证的其他资料；

7 工程验收类文件：隐蔽工程验收记录、中间验收记录、竣工验收记录；

8 影响工程造价鉴定的其他相关资料，如：起诉状、答辩状等。

16.2 成果文件的组成和要求

16.2.1 鉴定成果文件包括委托文书或鉴定合同、鉴定意见书、补充鉴定意见书、补充说明等。鉴定意见书应包括鉴定意见书封面、签署页、目录、鉴定人员承诺书、鉴定意见书正文、有关附件等。

16.2.2 鉴定意见书封面（参考格式见附图1）应包括项目名称、鉴定意见书文号、鉴定机构名称和完成鉴定日期，并应加盖接受鉴定委托的咨询企业名称、资质等级、证书编号的工程造价咨询企业执业印章和企业公章。

16.2.3 鉴定意见书签署页（参考格式见附图2）应包括项目名称、鉴定编制人、审核人、审定人和企业负责任人（或技术负责人）签字。编制人、审核人、审定人应在签署页加盖具有注册编号的执业或从业资格印章。企业负责人（或技术负责人）应在签署页签字或盖章。

16.2.4 鉴定人员承诺书（参考格式见附图3）应表明对报告中所陈述事实计算及分析意见和结论意见的客观性、公正性负责，对哪些问题不承担责任，与当事人没有利害关系或偏见等。

16.2.5 鉴定意见书正文应包括如下内容：

1 项目名称：主标题应为"××工程造价鉴定意见书"。

2 文号：由各鉴定机构自定。

3 基本情况：
　1）鉴定委托人：即出具委托书的工程造价鉴定项目委托人。
　2）委托日期：即委托书出具的日期。
　3）委托内容：即委托书上载明的委托鉴定事项或对象、鉴定目的、鉴定要求等。鉴定机构的鉴定意见书上对鉴定委托人提出委托的鉴定内容不得在文字上作出任何增删、修改、解释。

  4）鉴定资料。
  5）鉴定项目相关情况介绍。
 4 鉴定依据：鉴定意见书中应分别表述如下鉴定依据：
  1）行为依据：主要指委托文书或鉴定合同；
  2）政策依据：主要指开展鉴定工作依据的法律、法规、规章及行业规范、标准和规程等；
  3）分析（或计算）依据：主要指相关定额、图纸、合同、招标投标文件、中标通知书、承包合同、补充协议、工程概（预）算书、工程变更与签证、设备和材料采购合同、会议纪要、地质勘探及测量资料、价格信息来源等。
 5 鉴定过程及分析：鉴定意见书中应按照鉴定工作的时间顺序、简述鉴定的工作过程和各项工作期间发现鉴定项目当事人争议的焦点及解决矛盾的方法。
 6 鉴定结论意见。
 7 特殊说明：凡对鉴定结论意见有必要加以提示、说明的内容，均在特殊说明中加以详细表述。
 8 鉴定机构出具鉴定意见书的签章和签字。鉴定机构及其鉴定人员应按照工程造价咨询行业的管理规定，在鉴定意见书上签章和签字。
 9 附件。

16.2.6 鉴定结论意见可同时包括以下形式：
 1 可确定的鉴定结论意见

当整个鉴定项目事实清楚、依据有力、证据充足时，鉴定机构应出具项目中该部分造价明确的鉴定结论意见，称为"可确定的部分鉴定结论意见"。

对当事人在鉴定过程中达成一致的书面妥协性意见而形成的鉴定结果也可以纳入造价鉴定结论意见称为"可确定的部分鉴定结论意见"。

 2 无法确定部分项目的鉴定结论意见

当鉴定项目中有一部分事实不清、证据不力或依据不足，且当事人争议较大无法达成妥协，鉴定机构依据现有条件无法作出准确判断时，鉴定机构可以提交无法确定部分项目的造价结论意见，称为"无法确定部分项目的鉴定结论意见"。

对鉴定中无法确定的项目、部分项目及其造价，凡依据鉴定条件可以计算造价的，鉴定意见书中均宜逐项提交明确的计算结果，并提出不能作出可确定结论意见的原因或当事人双方的分歧理由；凡依据鉴定条件无法计算造价的，鉴定意见书中宜提交估算结果或估价范围；提交估算结果或估价范围的条件也不具备时，鉴定机构可不提交估算结果或估价范围并说明理由；对鉴定委托人要求提交鉴别和判断性结论的，鉴定机构可提交鉴别和判断性结论或推断性结论。

16.2.7 鉴定意见书的附件应包括：委托文书或鉴定合同、工程造价鉴定送鉴资料签收清单、各类通知函、签到表、明细表、鉴定分析、其他相关资料、鉴定机构的营业执照、资质证书以及鉴定人员的注册证书和从业证书等；鉴定过程中使用过并需要在鉴定意见书中作为附件装订入册的项目特有资料等。

17 质量标准

17.1 工程造价鉴定过程文件的格式应符合本指导标准16.1"成果文件的组成和要求"的相关规定。

17.2 工程造价鉴定成果文件的格式应符合本指导标准16.2"成果文件的组成和要求"的相关规定。

17.3 鉴定成果文件的鉴定范围和内容必须符合鉴定委托人的要求。鉴定成果文件表述的鉴定范围和内容应严格按照委托文书或鉴定合同的要求，不得作出不符合委托的鉴定意见。

17.4 相同口径下，在同一成果文件中，鉴定成果文件的综合误差率应小于2%。

17.5 工程造价鉴定过程文件和成果文件应符合相关行业标准和规范要求。

18 鉴定意见书的语言表述和格式

18.1 鉴定意见书的语言表述应符合下列规范和要求：

1 使用符合国家通用语言文字规范、专业术语规范和法律规范的用语；

2 使用国家标准计量单位和符号；

3 使用少数民族语言文字的，应当符合少数民族语言文字规范；

4 文字精练，用词准确，语句通顺，描述客观、清晰。

18.2 鉴定意见书的制作版面和装订应符合鉴定委托人的要求，对鉴定委托人没有提出要求的，应符合下列格式要求：

1 使用A4规格纸张，打印制作，并装订成册。

2 在正文每页页角的右下角以小五号注明正文共几页，同时注明本页是第几页；

3 落款应当与正文同页，不得使用"此页无正文"字样；

4 不得有涂改。

18.3 鉴定意见书的质量应符合工程造价咨询行业有关管理规定。

18.4 鉴定机构及鉴定人员在鉴定过程中因徇私舞弊、严重过错造成鉴定结论错误，应按照国家及行业相关法律、法规、规章承担相应责任。

19 档案管理

19.1 工程造价咨询企业应建立完善的工程造价鉴定档案管理制度。工程造价鉴定档案文件应符合国家和当地有关部门及行业发布的相关规定。

19.2 工程造价鉴定的过程文件和成果文件归档应按照本指导标准第16.1条和第

16.2条规定执行。

19.3 归档文件必须真实、准确，与鉴定项目实际相符合。对与工程造价鉴定有关的重要活动、记载主要过程和现状、具备保存价值的各种载体的文件、过程文件、成果文件、均应收集整齐，整理立卷后归档。

19.4 归档的工程造价鉴定过程、成果文件应包括纸质文件和电子文件；其他文件及依据可为纸质原件、复印件、扫描件或电子文件。

19.5 归档文件中书写部分的内容应采用耐久性强的书写材料，不得使用易褪色的书写材料。

19.6 归档文件应字迹清晰、图表整洁、签字盖章手续完备。

19.7 归档可以分阶段进行，也可以在项目鉴定完成后进行。

19.8 鉴定机构自行归档的文件，保存期按行业标准和规范执行。

19.9 向接收单位或使用单位移交档案时，应编制存档或移交、接收清单，明确文件存档或移交、接收的单位，双方签字、盖章后方可交接。

附 件

附件1 相关图表

鉴定意见书封面
鉴定意见签署页
工程造价鉴定人员承诺书
工程造价鉴定工作流程信息表
工程造价鉴定送鉴资料签收清单
鉴定费支付通知书
工程造价鉴定文书签收回单
工程造价鉴定人员配置表
工程造价鉴定（审前）会议签到表
工程造价鉴定（审前）会议纪要
工程造价鉴定业务分析表
工程造价鉴定组成人员通知函
工程造价鉴定工作计划
工程造价鉴定方案
提请召开鉴定项目质证会议的函
工程造价鉴定（质证）会议签到表
工程造价鉴定（质证）会议纪要
工程造价鉴定（质证）资料明细表
要求当事人提交举证资料的函
工程造价鉴定现场勘验通知书
工程造价鉴定现场勘验签到表
现场勘验记录和图表
现场勘验记录和图表附件
工程造价鉴定会议签到表
工程造价鉴定会议纪要
邀请当事人参加鉴定核对工作通知函
工程造价鉴定意见表
工程造价鉴定征询意见函

工作联系函
工程造价鉴定综合评价意见记录表
工程造价鉴定（出庭）会议纪要
工程造价鉴定工作记录
工程造价鉴定风险提示
工程造价鉴定送鉴资料签退清单

附件2 司法鉴定合同文本（适用法院和仲裁）

附件3 司法鉴定合同文本（适用诉前鉴定）

附件1 相关图表

鉴定项目名称   工程造价鉴定意见书   项目编号   企业名称（公章） （工程造价咨询企业执业章） 年　　月　　日

附图1　鉴定意见书封面

鉴定项目名称   工程造价鉴定意见书   项目编号   编制人：（执业或从业印章）＿＿＿＿＿＿＿＿＿＿＿＿ 审核人：（执业或从业印章）＿＿＿＿＿＿＿＿＿＿＿＿ 审定人：（执业或从业印章）＿＿＿＿＿＿＿＿＿＿＿＿ 法定代表人或授权委托人：＿＿＿＿＿＿＿＿＿＿＿＿

附图2　鉴定意见签署页

工程造价鉴定人员承诺书

_____（鉴定委托人名称）：

受贵方委托，对_____项目进行鉴定。参与本次鉴定工作的造价鉴定人员承诺：

1. 本鉴定意见书中陈述的事实是客观和公正的；
2. 工程造价鉴定意见不能保证申请人所期待的愿望，也可能存在对申请人不利及不能解决诉讼或解决纠纷中所有难题的情况；
3. 本报告中的分析、意见和结论是我们自己独立、客观、诚实、公正的专业分析；
4. 鉴定机构保证出庭作证，如出具虚假鉴定意见，将承担相应的法律责任；
5. 工程造价及其相关经济问题存在固有的不确定性，仅负责对委托鉴定范围及事项作出鉴定意见，未考虑与其他方面的关联；
6. 我们与本报告中的当事人没有利害关系，也与有关当事人没有个人利害关系或偏见。

工程造价鉴定人员（签字）：

年　月　日

附图3　工程造价鉴定人员承诺书

工程造价鉴定工作流程信息表

编号：_____　附表：1

序号	经办人	时间	事项	文书名称或种类	文书编号

工程造价鉴定送鉴资料签收清单

编号：_____　附表：2

选择项	序号	文件资料名称	编号	份数	备注
☐					
☐					

说明：

1. 需提供的文件资料在选择项的☐内打■；
2. 送鉴资料不具备鉴定条件或与鉴定要求不符合，或委托鉴定的内容属国家法律法规限制的，本鉴定机构不予受理；
3. 鉴定机构认为需要的其他资料，书面另行通知；
4. 本表一式二份，盖章或签字完成后，鉴定机构和鉴定委托人各留存一份。

鉴定机构经办人（盖章或签字）：　　　　　日期：　年　月　日

鉴定费支付通知书

_____（委托文书名称）：_____（委托文书文号）　　　　编号：_____　附表：3

_____（鉴定委托人名称）：

贵院委托的"_____（鉴定项目名称）〔委托文书文号〕"一案，本鉴定机构根据有关收费标准及本案实际情况，审核确定本案本阶段鉴定费暂定为××××元整（大写）（￥××××元）。待正式鉴定意见书出具后，按最终的工程造价鉴定金额计取，多退少补。

鉴定费支付后，本鉴定机构正式受理本案鉴定工作。鉴定费交至：
收款单位：
开户银行：
账　　号：

　　　　　　　　　　　　　　　　鉴定机构（签章）：

　　　　　　　　　　　　　　　　　　　年　月　日

工程造价鉴定文书签收回单

_____（委托文书名称）：_____（委托文书文号）　　　　编号：_____　附表：4

兹收到_____（鉴定机构名称）＜送达文件名称＞（送达文件编号）正本___份，副本___份。
送达机构：
送达人：
签收地点：
签收单位：
签收人：
签收时间：　年　月　日

工程造价鉴定人员配置表

_____（委托文书名称）：_____（委托文书文号）　　　　编号：_____　附表：5

鉴定机构：
鉴定项目名称：

1	单位负责人						
2	项目负责人						
3	审核人员	土建			复核人员	土建	
4		装饰				装饰	
5		水暖				水暖	
6		电气				电气	
7		其他				其他	
8	土建审核人员完成时间		年 月 日	安装审核人员完成时间		年 月 日	
	土建复核人员完成时间		年 月 日	土建复核人员完成时间		年 月 日	
	报公司领导时间		年 月 日	报公司领导时间		年 月 日	
9	装饰审核人员完成时间		年 月 日	其他审核人员完成时间		年 月 日	
	装饰复核人员完成时间		年 月 日	其他复核人员完成时间		年 月 日	
	报公司领导时间		年 月 日	报公司领导时间		年 月 日	
10	部门负责人意见（签字）：						
11	公司领导意见（签字）：						
12	资料移交						

工程造价鉴定（审前）会议签到表

_____（委托文书名称）：_____（委托文书文号）　　　　编号：_____　附表：6

鉴定机构：
鉴定项目名称：
会议时间：
会议地点：
会议议题：

序号	类别	参加单位	参加人员（签字）
备注			

工程造价鉴定（审前）会议纪要

_____（委托文书名称）：_____（委托文书文号）　　　　编号：_____　附表：7

鉴定机构：
鉴定项目名称：
会议时间：　　年　月　日　时　分
会议地点：
会议参加单位：
会议参加人员：
会议内容：

工程造价鉴定业务分析表

_____（委托文书名称）：_____（委托文书文号）　　　　编号：_____　附表：8

鉴定机构：
鉴定项目名称：

1	工程概况	
2	鉴定中存在的问题	
3	鉴定思路	
4	质证及现场勘验的内容	
5	审核人（签字）：	部门负责人（签字）：
6	公司领导意见（签字）：	
7	备注	

工程造价鉴定组成人员通知函

_____（委托文书名称）：_____（委托文书文号）　　　　编号：_____　附表：9
_____（鉴定委托人名称）：

根据有关规定，现将_____（鉴定委托人名称）委托的_____（鉴定项目名称）〔委托文书文号〕一案的工程造价鉴定人组成人员通知如下：

第一造价鉴定人：_____专业技术任职资格：_____专业技术执业资格：_____。
第二造价鉴定人：_____专业技术任职资格：_____专业技术执业资格：_____。
造价鉴定辅助人员：_____、_____、_____。

如果您对以上鉴定人员申请回避，请在接到本通知后七天内书面向鉴定机构提出，并说明理由。

鉴定机构（签章）：
　　　　　　　　　年　月　日

工程造价鉴定工作计划

_____（委托文书名称）：_____（委托文书文号）　　　　编号：_____　附表：10

鉴定机构：
鉴定项目名称：
计划制定时间：
计划制定地点：
计划制定人员：
计划内容：

工程造价鉴定方案

_____（委托文书名称）：_____（委托文书文号）　　　　编号：_____　附表：11

鉴定机构：
鉴定项目名称：
方案制定时间：　年　月　日　时　分
方案制定地点：
方案制定人员：
鉴定方案内容：

提请召开鉴定项目质证会议的函

_____（委托文书名称）：_____（委托文书文号）　　　　编号：_____　附表：12

致_____（鉴定委托人）：
　　根据鉴定委托人对鉴定机构的工程造价鉴定委托，鉴定机构正在开展_____项目的鉴定工作，依据有关规定和本项目鉴定工作的需要，请在___年___月___日时派授权代表及当事人和律师到___（地点）参加质证资料会议。

鉴定机构（签章）：
　　　　年　月　日

注：本函一式四份，报本项目鉴定委托人备案一份，交当事人方各一份，鉴定机构留底一份。

工程造价鉴定（质证）会议签到表

_____（委托文书名称）：_____（委托文书文号）　　编号：_____　附表：13

鉴定机构：
鉴定项目名称：
会议时间：　年　月　日　时　分
会议地点：

序号	类别	参加单位	参加人员（签字）
备注			

工程造价鉴定（质证）会议纪要

_____（委托文书名称）：_____（委托文书文号）　　编号：_____　附表：14

鉴定机构：
鉴定项目名称：
会议时间：　年　月　日　时　分
会议地点：
会议参加单位：
会议参加人员：
会议内容：

工程造价鉴定（质证）资料明细表

_____（委托文书名称）：_____（委托文书文号）　　　编号：_____　附表：15

序号	资料名称	编号	份数	备注

鉴定委托人（签字）：　鉴定机构（签字）：　当事人（签字）：　当事人（签字）：　年　月　日

要求当事人提交举证资料的函

_____（委托文书名称）：_____（委托文书文号）　　　编号：_____　附表：16

致_____（项目纠纷双方当事人）：
　　根据鉴定委托人对鉴定机构的委托，鉴定机构正在开展_____项目的鉴定工作，依据有关规定和本项目鉴定工作的需要，请在____年____月____日____时前提交（或补充提交）如下举证资料到鉴定机构：

　　如在上述期限内不能提交所列资料或提交虚假资料的，将承担相应的法律后果。
　　除了鉴定机构提出的上述资料以外，请主动举证鉴定中需要用到的其他资料，以免鉴定机构的鉴定工作发生偏差而影响当事人的利益。

　　　　　　　　　　　　　　　　　　　　　　鉴定机构（签章）：
　　　　　　　　　　　　　　　　　　　　　　　　年　　月　　日

注：本函一式四份，报本项目鉴定委托人备案一份，交举证的当事人方各一份，鉴定机构留底一份。

工程造价鉴定现场勘验通知书

_____（委托文书名称）：_____（委托文书文号）　　　编号：_____　附表：17

致_____（鉴定委托人）：
　　根据鉴定委托人对鉴定机构的工程造价鉴定委托，鉴定机构正在开展_____项目的鉴定工作，依据有关规定和本项目鉴定工作的需要，请在____年____月____日____时派授权代表及当事人到_____（鉴定项目地点）参加现场勘验工作。

　　　　　　　　　　　　　　　　　　　　　　鉴定机构（签章）：
　　　　　　　　　　　　　　　　　　　　　　　　年　　月　　日

注：本函一式四份，报本项目鉴定委托人备案一份，交当事人方各一份，鉴定机构留底一份。

工程造价鉴定现场勘验签到表

_____（委托文书名称）：_____（委托文书文号）　　　编号：_____　附表：18

鉴定机构：
鉴定项目名称：
勘验时间：　年　月　日　时　分
勘验地点：

序号	类别	参加单位	参加人员（签字）
备注			

现场勘验记录和图表

_____（委托文书名称）：_____（委托文书文号）　　　编号：_____　附表：19

根据____年___月___日的勘验通知，____年___月___日___时_____项目的鉴定委托人_____、当事人_____、_____、_____、_____、鉴定机构（勘验机构）的_____、_____、_____到达了_____现场（当事人_____缺席），本勘验记录、草图共___页，供鉴定使用。

鉴定委托人：	当事人	当事人：	鉴定（勘验）机构：
年　月　日	年　月　日	年　月　日	年　月　日

注：本函一式四份，报本项目鉴定委托人备案一份，交当事人各一份，鉴定机构留底一份。

现场勘验记录和图表附件

_____（委托文书名称）：_____（委托文书文号）　　　编号：_____　附表：20

本勘验记录照片或草图共____页，封存电子版（照片和摄像记录）文件编号：_____，档案柜编号：_____。	
鉴定机构摄像： 年　月　日	鉴定机构拍照： 年　月　日

注：本表附件是指该鉴定项目的现场照片或摄像记录电子版封存文件编号及档案柜编号，以便及时查阅。

工程造价鉴定会议签到表

_____（委托文书名称）：_____（委托文书文号）　　　编号：_____　附表：21

鉴定机构：
鉴定项目名称：
会议时间：　年　月　日　时　分
会议地点：

序号	类别	参加单位	参加人员（签字）
备注			

工程造价鉴定会议纪要

_____（委托文书名称）：_____（委托文书文号）　　　编号：_____　附表：22

鉴定机构：
鉴定项目名称：
会议时间：　年　月　日　时　分
会议地点：
会议参加人员：
会议内容：

邀请当事人参加鉴定核对工作通知函

_____（委托文书名称）：_____（委托文书文号）　　　　编号：_____　附表：23

致_____（项目纠纷双方当事人）：
　　根据鉴定委托人对鉴定机构的委托，鉴定机构正在开展_____项目的鉴定工作，依据有关规定和本项目鉴定工作的需要，请贵方派员于_____年___月___日___时开始到_____（地点）参加鉴定核对工作。

鉴定机构（签章）：
年　　月　　日

注：本函一式四份，报本项目鉴定委托人备案一份，交举证的当事人方各一份，鉴定机构留底一份。

工程造价鉴定意见表

_____（委托文书名称）：_____（委托文书文号）　　　　编号：_____　附表：24

鉴定机构：
鉴定项目名称：

		建筑面积（m^2）	（初步）鉴定金额（元）	备注
1	土建部分			
	安装部分			
2	主要指标 土建	平方米含混凝土量（m^3/m^2）	平方米含钢量（kg/m^2）	平方米单价（元/m^2）
	安装	给水排水（元/m^2）	采暖（元/m^2）	电气（元/m^2）
	其他			
3	初审结论	审核人：		年　月　日
4	复核结论	复核人：		年　月　日
5	部门负责人意见（签字）			年　月　日
6	公司领导意见（签字）			年　月　日

工程造价鉴定征询意见函

_____（委托文书名称）：_____（委托文书文号）　　　　编号：_____　　附表：25

致_____项目（纠纷双方）当事人：
　　根据鉴定委托人对鉴定机构的工程造价鉴定委托，在各有关方面配合下，经过前段时间的工作，鉴定机构已经形成_____项目鉴定的征询意见稿，经鉴定委托人同意，现将该项目的鉴定意见稿交给贵方，请在_____年___月___日___时前将意见反馈给鉴定机构。

鉴定机构（签章）：
年　　月　　日

注：本函一式四份，报本项目鉴定委托人备案一份，交当事人方各一份，鉴定机构留底一份。

工作联系函

_____（委托文书名称）：_____（委托文书文号）　　　　编号：_____　　附表：26

致_____（鉴定委托人）：
　　贵方委托的"_____（鉴定项目名称）〔委托文书文号〕"一案，请补充以下鉴定资料：

　　顺致
最诚挚的敬意！

鉴定机构（签章）：
年　　月　　日

工程造价鉴定综合评价意见记录表

_____（委托文书名称）：_____（委托文书文号）　　　编号：_____　附表：27

项目名称				项目编号		
回访对象				服务内容		
联系人				联系电话		
填写时间				记录人		
序号	征询意见主要内容					
	满意程度满意项	非常满意	满意	一般	不满意	非常不满意
1	业务水平					
2	管理能力					
3	规范服务					
4	职业道德					
征询单位评价意见：（公章） 项目负责人：　　　　　　　　　　　　　　　　　　　　日期：　年　月　日						
完善措施： 技术负责人：　　　　　　　　　　　　　　　　　　　　日期：　年　月　日						

工程造价鉴定（出庭）会议纪要

_____（委托文书名称）：_____（委托文书文号）　　　编号：_____　附表：28

鉴定机构：
鉴定项目名称：
会议时间：　年　月　日　时　分
会议地点：
会议参加人员：
会议内容：

37

工程造价鉴定工作记录

_____（委托文书名称）：_____（委托文书文号）　　　　编号：_____ 附表：29

内容：

工程造价鉴定风险提示

编号：_____　附表：30

建设工程造价鉴定是一项专业性和技术性很强的工作，工程造价鉴定活动必须遵循合法、独立、公正、客观的原则进行。本鉴定机构特别提示委托工程造价鉴定存在以下风险：

1. 工程造价鉴定意见只作为证据使用，并经过质证后才能被采信；
2. 送鉴资料应当提供原件，经扫描、拍照后留存经核对无异的复印件，否则将不被采信。送鉴资料的真实性、可靠性失真时，鉴定意见可能错误；
3. 如鉴定当事人出于某种动机，夸大事实或隐匿事实，都会对鉴定意见的正确与否产生客观上的影响；
4. 鉴定当事人提出的鉴定请求应明确、具体、完整，不要随意扩大鉴定范围。与诉讼（或纠纷解决）鉴定事项无关的鉴定要求，除得不到人民法院（或鉴定机构）支持外，鉴定当事人还要负担相应的鉴定费用；
5. 各方当事人应配合鉴定工作，如有疑问，可按规定向鉴定委托人提出。如不配合鉴定工作，不影响鉴定工作的正常进行；
6. 未按规定提交鉴定所需的举证资料，负有举证责任的一方，则应承担对己不利的法律后果；
7. 鉴定委托人委托的鉴定机构或鉴定人员不具备相关的鉴定资格，当事人可对其鉴定意见提出异议并申请重新鉴定；
8. 一方当事人诉前自行委托鉴定机构作出的鉴定意见，另一方当事人有足够证据可以反驳并申请重新鉴定；
9. 工程造价鉴定意见不能保证达到申请鉴定人所期待的愿望，也可能存在对申请当事人不利及不能够解决诉讼或解决纠纷中所有难题的情况；
10. 在鉴定期间，鉴定委托人单方面取消鉴定委托的，鉴定费将不予退还；
11. 在鉴定期间，终止鉴定的，鉴定机构根据终止原因及责任，酌情退还有关鉴定费用。

注：当事人各执一份

工程造价鉴定送鉴资料签退清单

编号：_____　附表：31

选择项	序号	文件资料名称	编号	份数	备注
□					
□					

说明：1. 需退还的文件资料在选择项的□内打√；
　　　2. 本表一式二份，盖章或签字完成后，鉴定机构和鉴定委托人各留存一份。

经办人（盖章或签字）：　　　　　　　日期：　　年　月　日

附件2 司法鉴定合同文本（适用法院和仲裁）

合同编号：_____

建设工程造价鉴定合同

鉴定委托人（全称）：_____

鉴定机构（全称）：_____

年 月 日

说　明

为了指导建设工程造价鉴定合同当事人的签约行为,维护合同当事人的合法权益,依据住房和城乡建设部、国家工商行政管理总局制定的《建设工程造价咨询合同(示范文本)》(GF 2015-0212),参照国家标准《建设工程造价鉴定规范》(GB/T 51262—2017)、国家标准《建设工程造价咨询规范》(GB/T 51095—2015)、中国建设工程造价管理协会标准《建设工程造价鉴定规程》(CECA/GC 8—2012)制定了《建设工程造价鉴定合同》(以下简称《鉴定合同》)。为了便于合同当事人使用《鉴定合同》,现就有关问题说明如下:

一、《鉴定合同》的组成

《鉴定合同》由协议书、通用条件和专用条件三部分组成。

(一)协议书

《鉴定合同》协议书集中约定了合同当事人基本的合同权利义务。

(二)通用条件

通用条件是合同当事人根据《中华人民共和国合同法》、《中华人民共和国建筑法》等法律法规的规定,就工程造价鉴定的实施及相关事项,对合同当事人的权利义务作出的原则性约定。

(三)专用条件

专用条件是对通用条件原则性约定的细化、完善、补充、修改或另行约定的条件。合同当事人可以根据不同鉴定项目的特点及具体情况,通过双方的谈判、协商对相应的专用条件进行修改补充。在使用专用条件时,应注意以下事项:

1. 专用条件的编号应与相应的通用条件的编号一致;

2. 合同当事人可以通过对专用条件的修改,满足鉴定项目的特殊要求,避免直接修改通用条件;

3. 在专用条件中有横道线的地方,合同当事人可针对相应的通用条件进行细化、完善、补充、修改或另行约定;如无细化、完善、补充、修改或另行约定,则填写"无"或划"/"。

二、《鉴定合同》的性质和适用范围

《鉴定合同》供合同双方当事人参照使用,可适用于各类建设工程全过程造价鉴定服务、阶段性造价鉴定服务、建设工程工期鉴定、建设工程暂停施工、合同终止、不可抗力相关费用鉴定服务中涉及的工程造价纠纷鉴定合同的订立。合同当事人可结合建设工程鉴定的具体情况,按照法律法规规定,根据《鉴定合同》的内容,约定双方具体的权利义务。

第一部分 协议书

鉴定委托人（全称）：_____
鉴定机构（全称）：_____

根据《中华人民共和国合同法》及其他有关法律、法规，遵循平等、自愿、公平和诚实信用的原则，双方就下述建设工程委托造价鉴定与其他服务事项协商一致，订立本合同。

一、工程概况

1. 鉴定项目名称：_____
2. 鉴定项目地点：_____
3. 鉴定项目规模：_____
4. 投资金额：_____
5. 资金来源：_____
6. 建设工期或周期：_____
7. 其他：_____

二、服务范围及工作内容

双方约定的服务范围及工作内容：_____

三、服务期限

本合同约定的建设工程造价鉴定服务自_____年____月____日开始实施，至_____年____月____日终结。

四、质量标准

工程造价鉴定成果文件应符合：
_____。

五、服务酬金或计取方式

1. 酬金：_____（大写）（￥_____元）
2. 计取方式：_____

六、合同文件的构成

本协议书与下列文件一起构成合同文件：
1. 中标通知书或委托书（如果有）；
2. 投标函及投标函附录或造价鉴定服务建议书（如果有）；
3. 专用条件及附录；
4. 通用条件；
5. 其他合同文件。

上述各项合同文件包括合同当事人就该项合同文件所作出的补充和修改，属于同一类内容的文件，应以最新签署的为准。

在合同订立及履行过程中形成的与合同有关的文件（包括补充协议）均构成合同文件的组成部分。

七、词语定义

协议书中相关词语的含义与通用条件中的定义与解释相同。

八、合同订立

1. 订立时间：_____年____月____日。
2. 订立地点：_____。

九、合同生效

本合同自_____。

十、合同份数

本合同一式____份，正本____份，副本____份，具有同等法律效力，其中鉴定委托人执____份，鉴定机构执____份。

鉴定委托人：_____（盖章）	鉴定机构：_____（盖章）
法定代表人或其授权的	法定代表人或其授权的
代理人：_____（签字）	代理人：_____（签字）
住　　所：	住　　所：
账　　号：	账　　号：
开户银行：	开户银行：
邮政编码：	邮政编码：
固定电话：	固定电话：
手　　机：	手　　机：
电子信箱：	电子信箱：

第二部分　通用条件

1　词语定义、语言、解释顺序与适用法律

1.1　词语定义

组成本合同的全部文件中的下列名词和用语应具有本款所赋予的含义：

1.1.1　"工程"是指按照本合同约定实施造价鉴定与其他服务的建设工程。

1.1.2　"工程造价鉴定"是指工程造价咨询企业接受国家、政府等有权机关或机构的委托，对纠纷项目的工程造价以及由此延伸而引起的经济问题，依据其建设工程造价方面的专门知识和技能进行鉴别和判断并提供鉴定意见的活动。

1.1.3　"鉴定委托人"是指本合同中有权委托工程造价鉴定的国家机关、机构和社

会组织、公民和其他主体。

1.1.4 "鉴定机构"是指本合同中接受纷争项目的工程造价鉴定业务的工程造价咨询企业。

1.1.5 "第三人"是指除鉴定委托人、鉴定机构以外与本鉴定业务有关的当事人。

1.1.6 "正常工作"指本合同订立时通用条件和专用条件中约定的鉴定机构的工作。

1.1.7 "附加工作"是指鉴定机构根据合同条件完成的正常工作以外的工作。

1.1.8 "项目鉴定团队"是指鉴定机构指派负责履行本合同的团队，其团队成员为本合同的项目鉴定人员。

1.1.9 "项目负责人"是指由鉴定机构的法定代表人书面授权，在授权范围内负责履行本合同、主持项目鉴定团队工作的负责人。

1.1.10 "鉴定委托人代表"是指由鉴定委托人的法定代表人书面授权，在授权范围内行使鉴定委托人权利的人。

1.1.11 "酬金"是指鉴定机构履行本合同义务，鉴定委托人按照本合同约定由当事人给付鉴定机构的金额。

1.1.12 "正常工作酬金"是指在协议书中载明的，鉴定机构完成正常工作，鉴定委托人按照委托书约定由当事人给付鉴定机构的酬金。

1.1.13 "附加工作酬金"是指鉴定机构完成附加工作，鉴定委托人或当事人应给付鉴定机构的酬金。

1.1.14 "书面形式"是指合同书、信件和数据电文（包括电报、电传、传真、电子数据交换和电子邮件）等可以有形地表现所载内容的形式。

1.1.15 "不可抗力"是指鉴定委托人和鉴定机构在订立本合同时不可预见，在合同履行过程中不可避免并不能克服的自然灾害和社会性突发事件，如地震、海啸、瘟疫、水灾、骚乱、暴动、战争等情形。

1.2 语言

本合同使用中文书写、解释和说明。如专用条件约定使用两种及以上语言文字时，应以中文为准。

1.3 合同文件的优先顺序

组成本合同的下列文件彼此应能相互解释、互为说明。除专用条件另有约定外，本合同文件的解释顺序如下：

1. 协议书；
2. 中标通知书或委托书（如果有）；
3. 专用条件及附录；
4. 通用条件；
5. 投标函及投标函附录或造价鉴定服务建议书（如果有）；
6. 其他合同文件。

上述各项合同文件包括合同当事人就该项合同文件所作出的补充和修改，属于同一类内容的文件，应以最新签署的为准。

在合同订立及履行过程中形成的与合同有关的文件均构成合同文件的组成部分。

1.4 适用法律

本合同适用中华人民共和国法律、行政法规、部门规章以及项目所在地的地方性法规、自治条例、单行条例和地方政府规章等。

合同当事人可以在专用条件中约定本合同适用的其他规范、规程、定额、技术标准等规范性文件。

1.5 严禁贿赂

合同当事人不得以贿赂或变相贿赂的方式，谋取非法利益或损害对方的权益，因一方当事人的贿赂造成对方损失的，应当赔偿损失，并承担相应的法律责任。

鉴定机构不得与合同当事人串通损害另一方当事人利益，鉴定机构不得以任何方式收受合同当事人任何形式的贿赂，以免带来对鉴定工作的不利影响。

2 鉴定委托人的义务

2.1 提供资料

鉴定委托人应当在专用条件约定的时间内，按照"工程造价鉴定送鉴资料签收清单"的约定无偿向鉴定机构提供与本合同鉴定业务有关的资料。在本合同履行过程中，鉴定委托人应及时向鉴定机构提供最新的与本合同鉴定业务有关的资料。鉴定委托人应对所提供资料的真实性、准确性、合法性与完整性负责。

2.2 提供工作条件

鉴定委托人应为鉴定机构完成造价鉴定提供必要的工作条件。

2.2.1 鉴定委托人需要鉴定机构派驻项目现场鉴定人员的，除专用条件另有约定外，项目鉴定人员有权无偿使用由鉴定委托人提供的房屋及设备。

2.2.2 鉴定委托人应负责与本工程造价鉴定业务有关的所有外部关系的协调，为鉴定机构履行本合同提供必要的外部条件。

2.3 合理工作时限

鉴定委托人应当为鉴定机构完成其鉴定工作，设定合理的工作时限。

2.4 鉴定委托人代表

鉴定委托人应授权一名代表负责本合同的履行。鉴定委托人应在双方签订本合同7日内，将鉴定委托人代表的姓名和权限范围书面告知鉴定机构。鉴定委托人更换委托人代表时，应提前7日书面通知鉴定机构。

2.5 答复

鉴定委托人应当在专用条件约定的时间内就鉴定机构以书面形式提交并要求做出答复的事宜给予书面答复。逾期未答复的，由此造成的工作延误和损失由鉴定委托人承担。

2.6 支付

鉴定委托人应当按照合同的约定，督促当事人向鉴定机构支付酬金。

3 鉴定机构的义务

3.1 项目鉴定团队及人员

3.1.1 项目鉴定团队的主要人员应具有专用条件约定的资格条件，团队人员的数量应符合专用条件的约定。

3.1.2 项目负责人

鉴定机构应以书面形式授权一名项目负责人负责履行本合同、主持项目鉴定团队工作。采用招标程序签署本合同的,项目负责人应当与投标文件载明的一致。

3.1.3 在本合同履行过程中,鉴定人员应保持相对稳定,以保证鉴定工作正常进行。

鉴定机构可根据工程进展和工作需要等情形调整项目鉴定团队人员。鉴定机构更换项目负责人时,应提前7日向鉴定委托人书面报告,经鉴定委托人同意后方可更换。除专用条件另有约定外,鉴定机构更换项目鉴定团队其他鉴定人员,应提前3日向鉴定委托人书面报告,经鉴定委托人同意后以相当资格与能力的人员替换。

3.1.4 鉴定人员有下列情形之一,鉴定委托人要求鉴定机构更换的,鉴定机构应当更换:

(1) 存在严重过失行为的;
(2) 存在违法行为不能履行职责的;
(3) 涉嫌犯罪的;
(4) 不能胜任岗位职责的;
(5) 严重违反职业道德的;
(6) 专用条件约定的其他情形。

3.2 鉴定机构的工作要求

3.2.1 鉴定机构应当按照专用条件约定的时间等要求向鉴定委托人提供与工程造价鉴定业务有关的资料,包括工程造价咨询企业的资质证书及承担本合同业务的团队人员名单及职业(从业)资格证书、鉴定工作计划(大纲)等,并按合同约定的服务范围和工作内容实施鉴定业务。

3.2.2 鉴定机构应当在专用条件约定的时间内,按照专用条件约定的份数、组成向鉴定委托人提交鉴定成果文件。

鉴定机构提供造价鉴定服务以及出具工程造价鉴定成果文件应符合现行国家或行业有关规定、标准、规范的要求。鉴定委托人要求的工程造价鉴定成果文件质量标准高于现行国家或行业标准的,应在专用条件中约定具体的质量标准,并相应增加服务酬金。

3.2.3 鉴定机构提交的工程造价鉴定成果文件,除加盖鉴定机构单位公章、工程造价咨询企业执业印章外,还必须按要求加盖参加鉴定工作人员的职业(从业)资格印章。

3.2.4 鉴定机构应在专用条件约定的时间内,对鉴定委托人以书面形式提出的建议或者异议给予书面答复。

3.2.5 鉴定机构从事工程造价鉴定活动,应当遵循独立、客观、公正、诚实信用的原则,不得损害社会公共利益和他人的合法权益。

3.2.6 鉴定机构承诺按照法律规定及合同约定,完成合同范围内的建设工程造价鉴定服务,不转包承接的造价鉴定服务业务。

3.3 鉴定机构的工作依据

鉴定机构应在专用条件内与鉴定委托人协商明确履行本合同约定的鉴定服务需要适用的技术标准、规范、定额等工作依据,但不得违反国家及工程所在地的强制性标准、规范。

鉴定机构应自行配备本条所述的技术标准、规范、定额等相关资料。必须由鉴定委托人提供的资料,应在专用条件中载明。需要鉴定委托人协助才能获得的资料,鉴定委托人应予以协助。

3.4 使用鉴定委托人房屋及设备的返还

项目鉴定人员使用鉴定委托人提供的房屋及设备的,鉴定机构应妥善使用和保管,在本合同终止时将上述房屋及设备按专用条件约定的时间和方式返还鉴定委托人。

4 违约责任

4.1 鉴定委托人的违约责任

4.1.1 在鉴定期间,已出具工程造价鉴定意见书征询意见稿的,鉴定委托人终止鉴定委托的,鉴定费将不予退还。

4.1.2 在鉴定期间,非鉴定机构原因,鉴定机构根据终止的原因及责任,酌情退还有关鉴定费用。

4.2 鉴定机构的违约责任

4.2.1 鉴定机构不履行本合同义务或者履行义务不符合本合同约定的,应退还已收鉴定费用。

5 支付

5.1 支付货币

除专用条件另有约定外,酬金均以人民币支付。涉及外币支付的,所采用的货币种类、比例和汇率等在专用条件中约定。

5.2 支付申请

5.2.1 鉴定机构根据所受理鉴定项目的实际情况参考行业标准收费办法收取费用。

5.2.2 鉴定机构接受鉴定委托后10日内,向鉴定委托人提交"鉴定费支付通知书"。

5.2.3 当事人向鉴定机构支付鉴定费后,鉴定机构正式受理鉴定并开始实施鉴定工作。

5.2.4 鉴定机构受理的鉴定事项在鉴定过程中时间较长或在鉴定过程中,遇有复杂、疑难、特殊的技术问题或其他特殊情况,鉴定机构可分阶段确定其项目造价鉴定金额,并可分阶段通过鉴定委托人向当事人收取鉴定费用。

5.2.5 鉴定机构在开始实施鉴定工作前所收取的鉴定费用均为暂定费用,待正式工程造价鉴定意见书出具后,按最终的工程造价鉴定金额,多退少补。

5.3 支付鉴定费

支付鉴定费包括正常工作鉴定费、附加工作鉴定费、合理化建议奖励金额及费用。

5.4 有异议部分的支付

鉴定委托人对鉴定机构提交的支付通知书有异议时,应当在收到鉴定机构提交的支付申请书后7日内,以书面形式向鉴定机构发出异议通知。无异议部分的款项应按期支付,有异议部分的款项按第7条约定办理。

6 合同变更、解除与终止

6.1 合同变更

6.1.1 任何一方以书面形式提出变更请求时,双方经协商一致后可进行变更。

6.1.2 除不可抗力外，因非鉴定机构原因导致鉴定机构履行合同期限延长、内容增加时，鉴定机构应当将此情况与可能产生的影响及时通知鉴定委托人。增加的工作时间或工作内容应视为附加工作。附加工作酬金的确定方法由双方根据委托的服务范围及工作内容在专用条件中约定。

6.1.3 合同履行过程中，遇有与工程相关的法律法规、强制性标准颁布或修订的，双方应遵照执行。非强制性标准、规范、定额等发生变化的，双方协商确定执行依据。由此引起造价鉴定的服务范围及内容、服务期限、酬金变化的，双方应通过协商确定。

6.1.4 因工程规模、服务范围及工作内容的变化等导致鉴定机构的工作量增减时，服务酬金应作相应调整，调整方法由双方在专用条件中约定。

6.2 合同解除

6.2.1 鉴定委托人与鉴定机构协商一致，可以解除合同。

6.2.2 有下列情形之一的，合同当事人一方或双方可以解除合同：

（1）鉴定机构将本合同约定的工程造价鉴定服务工作全部或部分转包给他人，鉴定委托人可以解除合同；

（2）鉴定机构提供的造价鉴定服务不符合合同约定的要求，经鉴定委托人催告仍不能达到合同约定要求的，鉴定委托人可以解除合同；

（3）鉴定委托人未按合同约定督促当事人支付服务酬金，经鉴定机构催告后，在28天内仍未支付的，鉴定机构可以解除合同；

（4）因不可抗力致使合同无法履行；

（5）因一方违约致使合同无法实际履行或实际履行已无必要。

除上述情形外，双方可以根据委托的服务范围及工作内容，在专用条件中约定解除合同的其他条件。

6.2.3 任何一方提出解除合同的，应提前30天书面通知对方。

6.2.4 合同不履行或解除后，鉴定委托人应当督促当事人按照合同约定向鉴定机构支付已完成部分的鉴定服务酬金。

因不可抗力导致的合同解除，其损失的分担按照合理分担的原则由合同当事人在专用条件中自行约定。除不可抗力外，因非鉴定机构原因导致的合同解除，其损失由鉴定委托人承担。因鉴定机构自身原因导致的合同解除，按照违约责任处理。

6.2.5 本合同解除后，本合同约定的有关结算、争议解决方式的条款仍然有效。

6.3 合同终止

除合同解除外，以下条件全部满足时，本合同终止：

（1）鉴定机构完成本合同约定的全部工作；

（2）鉴定委托人或当事人与鉴定机构结清并支付酬金；

（3）鉴定机构将鉴定委托人提供的资料交还。

7 争议解决

7.1 协商

双方应本着诚实信用的原则协商解决本合同履行过程中发生的争议。

8 其他

8.1 考察及相关费用

除专用条件另有约定外,鉴定机构经鉴定委托人同意进行考察发生的费用由鉴定委托人审核后另行支付。差旅费及相关费用的承担由双方在专用条件中约定。

8.2 奖励

对于鉴定机构在服务过程中提出合理化建议,使鉴定委托人获得效益的,双方在专用条件中约定奖励金额的确定方法。奖励金额在合理化建议被采纳后支付。

8.3 保密

在本合同履行期间或专用条件约定的期限内,双方不得泄露对方申明的保密资料,亦不得泄露与实施工程有关的第三人所提供的保密资料。保密事项在专用条件中约定。

8.4 联络

8.4.1 与合同有关的通知、指示、要求、决定等,均应采用书面形式,并应在专用条件约定的期限内送达接收人和送达地点。

8.4.2 鉴定委托人和鉴定机构应在专用条件中约定各自的送达接收人、送达地点、电子邮箱。任何一方指定的接收人或送达地点或电子邮箱发生变动的,应提前3天以书面形式通知对方,否则视为未发生变动。

8.4.3 鉴定委托人和鉴定机构应当及时签收另一方送达至送达地点和指定接收人的往来函件,如确有充分证据证明一方无正当理由拒不签收的,视为认可往来函件的内容。

8.5 知识产权

除专用条件另有约定外,鉴定委托人提供给鉴定机构的图纸、鉴定委托人为实施工程自行编制或委托编制的技术规范以及反映鉴定委托人要求的或其他类似性质文件的著作权属于鉴定委托人,鉴定机构可以为实现本合同目的而复制或者以其他方式使用此类文件,但不能用于与本合同无关的其他事项。未经委托人书面同意,鉴定机构不得为了本合同以外的目的而复制或者以其他方式使用上述文件或将之提供给任何第三方。

除专用条件另有约定外,鉴定机构为履行本合同约定而编制的成果文件,其著作权属于鉴定机构。鉴定委托人可以为实现合同目的而复制、使用此类文件,但不能擅自修改或用于与本合同无关的其他事项。未经鉴定机构书面同意,鉴定委托人不得为了本合同以外的目的而复制或者以其他方式使用上述文件或将之提供给任何第三方。

双方保证在履行本合同过程中不侵犯对方及第三方的知识产权。因鉴定机构侵犯他人知识产权所引起的责任,由鉴定机构承担;因鉴定委托人提供的基础资料导致侵权的,由鉴定委托人承担责任。

除专用条件另有约定外,双方均有权在履行本合同保密义务并且不损害对方利益的情况下,将履行本合同形成的有关成果文件用于企业宣传、申报奖项以及接受上级主管部门的检查。

第三部分　专用条件

1　词语定义、语言、解释顺序与适用法律

1.2　语言
本合同文件除使用中文外，还可用_____。

1.3　合同文件的优先顺序
本合同文件的解释顺序为：_____。

1.4　适用法律
_____
_____。

2　鉴定委托人的义务

2.1　提供资料
鉴定委托人按照"工程造价鉴定送鉴资料签收清单"约定无偿向鉴定机构提供与本合同鉴定业务有关资料的时间为：_____。

2.2　提供工作条件
2.2.1　项目鉴定人员使用由鉴定委托人提供的房屋及设备，支付使用费的标准为：
_____。

2.4　鉴定委托人代表
鉴定委托人代表为：_____，其权限范围：_____
_____。

2.5　答复
鉴定委托人同意在_____日内，对鉴定机构书面提交并要求做出决定的事宜给予书面答复。逾期未答复的，视为鉴定委托人认可。

3　鉴定机构的义务

3.1　项目鉴定团队及人员

3.1.1　项目鉴定团队的项目负责人应具有_____资格条件，团队人员的数量为___人。

3.1.2　项目负责人为：_____，项目负责人为履行本合同的权限为：_____
_____。

3.1.3　鉴定机构更换项目鉴定团队其他鉴定人员的约定_____。

3.1.4　鉴定委托人要求更换鉴定人员的情形还包括：_____。

3.2　鉴定机构的工作要求

3.2.1　鉴定机构向鉴定委托人提供有关资料的时间_____。

3.2.2　鉴定机构向鉴定委托人提供咨询成果文件的名称、组成、时间、份数及质量

标准：_____。

3.2.4 鉴定机构应在收到鉴定委托人以书面形式提出的建议或者异议后_____日内给予书面答复。

3.3 鉴定机构的工作依据

经双方协商，本合同约定的造价鉴定服务适用的技术标准、规范、定额等工作依据为：_____。

3.4 使用鉴定委托人房屋及设备的返还

鉴定机构应在本合同终止后____日内移交鉴定委托人提供的房屋及设备，移交的方式为_____。

4 违约责任

4.1 鉴定委托人的违约责任

按通用条款4.1.1和4.1.2执行。

4.2 鉴定机构的违约责任

按通用条款4.2.1执行。

5 支付

5.1 支付货币

币种为：_____，汇率为：____，其他约定为：_____。

5.2 支付申请

鉴定机构应在本合同约定的每次应付款日期____日前，向鉴定委托人提交"鉴定费支付通知书"（转交当事人）。

5.3 支付鉴定费

按照"鉴定费支付通知书"的约定支付。

6 合同变更、解除与终止

6.1 合同变更

6.1.2 除不可抗力外，因非鉴定机构原因导致本合同履行期限延长、内容增加时，附加工作鉴定费按下列方法确定：_____。

6.1.4 因工程规模、服务范围及内容的变化等导致鉴定机构的工作量增减时，服务鉴定费的调整方法：_____。

6.2 合同解除

6.2.2 双方约定解除合同的条件还包括：_____。

鉴定机构在造价鉴定过程中发现以下问题之一的，可以解除合同：

1. _____；
2. _____；
3. _____；
4. _____。

6.2.4 因不可抗力导致的合同解除，双方约定损失的分担如下：_____。

8 其他

8.1 考察及相关费用

鉴定机构经鉴定委托人同意进行考察发生的费用由_____支付。差旅费及相关费用的支付：_____。

8.2 奖励

合理化建议的奖励金额按下列方法确定：_____。

8.3 保密

鉴定委托人申明的保密事项和期限：_____。

鉴定机构申明的保密事项和期限：_____。

第三人申明的保密事项和期限：_____。

8.4 联络

8.4.1 任何一方与合同有关的通知、指示、要求、决定等，均应在___日内送达对方指定的接收人和送达地点。

8.4.2 鉴定委托人指定的送达接收人：_____，送达地点：_____，电子邮箱：_____。

鉴定机构指定的送达接收人：____，送达地点：_____，电子邮箱：_____。

8.5 知识产权

鉴定委托人提供给鉴定机构的图纸、鉴定委托人为实施工程自行编制或委托编制的技术规范以及反映鉴定委托人要求的或其他类似性质文件的著作权属于_____。

鉴定机构为履行本合同约定而编制的成果文件，其著作权属于_____。

双方将履行本合同形成的有关成果文件用于企业宣传、申报奖项以及接受上级主管部门的检查须遵守以下约定：_____。

9 补充条款

_____
_____
_____
_____
_____

附件3 司法鉴定合同文本（适用诉前鉴定）

合同编号：_____

建设工程造价鉴定合同

鉴定委托人（全称）：_____

鉴定机构（全称）：_____

年 月 日

说　明

为了指导建设工程造价鉴定合同当事人的签约行为,维护合同当事人的合法权益,依据住房和城乡建设部、国家工商行政管理总局制定的《建设工程造价咨询合同(示范文本)》(GF-2015-0212),参照国家标准《建设工程造价鉴定规范》(GB/T 51262—2017)、国家标准《建设工程造价咨询规范》(GB/T 51095—2015)、中国建设工程造价管理协会标准《建设工程造价鉴定规程》(CECA/GC 8—2012)制定了《建设工程造价鉴定合同》(以下简称《鉴定合同》)。为了便于合同当事人使用《鉴定合同》,现就有关问题说明如下:

一、《鉴定合同》的组成

《鉴定合同》由协议书、通用条件和专用条件三部分组成。

(一)协议书

《鉴定合同》协议书集中约定了合同当事人基本的合同权利义务。

(二)通用条件

通用条件是合同当事人根据《中华人民共和国合同法》《中华人民共和国建筑法》等法律法规的规定,就工程造价鉴定的实施及相关事项,对合同当事人的权利义务作出的原则性约定。

(三)专用条件

专用条件是对通用条件原则性约定的细化、完善、补充、修改或另行约定的条件。合同当事人可以根据不同鉴定项目的特点及具体情况,通过双方的谈判、协商对相应的专用条件进行修改补充。在使用专用条件时,应注意以下事项:

1. 专用条件的编号应与相应的通用条件的编号一致;

2. 合同当事人可以通过对专用条件的修改,满足鉴定项目的特殊要求,避免直接修改通用条件;

3. 在专用条件中有横道线的地方,合同当事人可针对相应的通用条件进行细化、完善、补充、修改或另行约定;如无细化、完善、补充、修改或另行约定,则填写"无"或划"/"。

二、《鉴定合同》的性质和适用范围

《鉴定合同》供合同双方当事人参照使用,可适用于各类建设工程全过程造价鉴定服务、阶段性造价鉴定服务、建设工程工期鉴定、建设工程暂停施工、合同终止、不可抗力相关费用鉴定服务以及诉前和非诉讼活动中涉及的工程造价纠纷鉴定合同的订立。合同当事人可结合建设工程鉴定的具体情况,按照法律法规规定,根据《鉴定合同》的内容,约定双方具体的权利义务。

第一部分 协议书

鉴定委托人（全称）：_____
鉴定机构（全称）：_____

根据《中华人民共和国合同法》及其他有关法律、法规，遵循平等、自愿、公平和诚实信用的原则，双方就下述建设工程委托造价鉴定与其他服务事项协商一致，订立本合同。

一、工程概况

1. 鉴定项目名称：_____
2. 鉴定项目地点：_____
3. 鉴定项目规模：_____
4. 投资金额：_____
5. 资金来源：_____
6. 建设工期或周期：_____
7. 其他：_____

二、服务范围及工作内容

双方约定的服务范围及工作内容：_____。

三、服务期限

本合同约定的建设工程造价鉴定服务自_____年____月____日开始实施，至_____年____月____日终结。

四、质量标准

工程造价鉴定成果文件应符合：
_____。

五、服务酬金或计取方式

1. 酬金：_____（大写）（¥_____元）
2. 计取方式：_____

六、合同文件的构成

本协议书与下列文件一起构成合同文件：
1. 中标通知书或委托书（如果有）；
2. 投标函及投标函附录或造价鉴定服务建议书（如果有）；
3. 专用条件及附录；
4. 通用条件；

5. 其他合同文件。

上述各项合同文件包括合同当事人就该项合同文件所作出的补充和修改,属于同一类内容的文件,应以最新签署的为准。

在合同订立及履行过程中形成的与合同有关的文件(包括补充协议)均构成合同文件的组成部分。

七、词语定义

协议书中相关词语的含义与通用条件中的定义与解释相同。

八、合同订立

1. 订立时间：_____年___月___日。
2. 订立地点：_____

九、合同生效

本合同自_____

十、合同份数

本合同一式____份,正本____份,副本____份,具有同等法律效力,其中鉴定委托人执____份,鉴定机构执____份。

鉴定委托人：_____（盖章）　　鉴定机构：_____（盖章）
法定代表人或其授权的　　　　　　法定代表人或其授权的
代理人：_____（签字）　　　　代理人：_____（签字）
住　　所：　　　　　　　　　　　住　　所：
账　　号：　　　　　　　　　　　账　　号：
开户银行：　　　　　　　　　　　开户银行：
邮政编码：　　　　　　　　　　　邮政编码：
固定电话：　　　　　　　　　　　固定电话：
手　　机：　　　　　　　　　　　手　　机：
电子信箱：　　　　　　　　　　　电子信箱：

第二部分　通用条件

1　词语定义、语言、解释顺序与适用法律

1.1　词语定义

组成本合同的全部文件中的下列名词和用语应具有本款所赋予的含义：

1.1.1　"工程"是指按照本合同约定实施造价鉴定与其他服务的建设工程。

1.1.2　"工程造价鉴定"是指工程造价咨询企业接受国家、政府等有权机关或机构

的委托，对纠纷项目的工程造价以及由此延伸而引起的经济问题，依据其建设工程造价方面的专门知识和技能进行鉴别和判断并提供鉴定意见的活动。

1.1.3 "鉴定委托人"是指本合同中有权委托工程造价鉴定的国家机关、机构，社会组织，公民和其他主体。

1.1.4 "鉴定机构"是指本合同中接受纷争项目的工程造价鉴定业务的工程造价咨询企业。

1.1.5 "第三人"是指除鉴定委托人、鉴定机构以外与本鉴定业务有关的当事人。

1.1.6 "正常工作"指本合同订立时通用条件和专用条件中约定的鉴定机构的工作。

1.1.7 "附加工作"是指鉴定机构根据合同条件完成的正常工作以外的工作。

1.1.8 "项目鉴定团队"是指鉴定机构指派负责履行本合同的团队，其团队成员为本合同的项目鉴定人员。

1.1.9 "项目负责人"是指由鉴定机构的法定代表人书面授权，在授权范围内负责履行本合同、主持项目鉴定团队工作的负责人。

1.1.10 "鉴定委托人代表"是指由鉴定委托人的法定代表人书面授权，在授权范围内行使鉴定委托人权利的人。

1.1.11 "酬金"是指鉴定机构履行本合同义务，鉴定委托人按照本合同约定由当事人给付鉴定机构的金额。

1.1.12 "正常工作酬金"是指在协议书中载明的，鉴定机构完成正常工作，鉴定委托人按照委托书约定由当事人给付鉴定机构的酬金。

1.1.13 "附加工作酬金"是指鉴定机构完成附加工作，鉴定委托人应给付鉴定机构的酬金。

1.1.14 "书面形式"是指合同书、信件和数据电文（包括电报、电传、传真、电子数据交换和电子邮件）等可以有形地表现所载内容的形式。

1.1.15 "不可抗力"是指鉴定委托人和鉴定机构在订立本合同时不可预见，在合同履行过程中不可避免并不能克服的自然灾害和社会性突发事件，如地震、海啸、瘟疫、水灾、骚乱、暴动、战争等情形。

1.2 语言

本合同使用中文书写、解释和说明。如专用条件约定使用两种及以上语言文字时，应以中文为准。

1.3 合同文件的优先顺序

组成本合同的下列文件彼此应能相互解释、互为说明。除专用条件另有约定外，本合同文件的解释顺序如下：

1. 协议书；
2. 中标通知书或委托书（如果有）；
3. 专用条件及附录；
4. 通用条件；
5. 投标函及投标函附录或造价鉴定服务建议书（如果有）；

6. 其他合同文件。

上述各项合同文件包括合同当事人就该项合同文件所作出的补充和修改，属于同一类内容的文件，应以最新签署的为准。

在合同订立及履行过程中形成的与合同有关的文件均构成合同文件的组成部分。

1.4 适用法律

本合同适用中华人民共和国法律、行政法规、部门规章以及项目所在地的地方性法规、自治条例、单行条例和地方政府规章等。

合同当事人可以在专用条件中约定本合同适用的其他规范、规程、定额、技术标准等规范性文件。

1.5 严禁贿赂

合同当事人不得以贿赂或变相贿赂的方式，谋取非法利益或损害对方的权益，因一方当事人的贿赂造成对方损失的，应当赔偿损失，并承担相应的法律责任。

鉴定机构不得与合同当事人串通损害另一方当事人利益，鉴定机构不得以任何方式收受合同当事人任何形式的贿赂，以免带来对鉴定工作的不利影响。

2 鉴定委托人的义务

2.1 提供资料

鉴定委托人应当在专用条件约定的时间内，按照"工程造价鉴定送鉴资料签收清单"的约定无偿向鉴定机构提供与本合同鉴定业务有关的资料。在本合同履行过程中，鉴定委托人应及时向鉴定机构提供最新的与本合同鉴定业务有关的资料。鉴定委托人应对所提供资料的真实性、准确性、合法性与完整性负责。

2.2 提供工作条件

鉴定委托人应为鉴定机构完成造价鉴定提供必要的条件。

2.2.1 鉴定委托人需要鉴定机构派驻项目现场鉴定人员的，除专用条件另有约定外，项目鉴定人员有权无偿使用由鉴定委托人提供的房屋及设备。

2.2.2 鉴定委托人应负责与本工程造价鉴定业务有关的所有外部关系的协调，为鉴定机构履行本合同提供必要的外部条件。

2.3 合理工作时限

鉴定委托人应当为鉴定机构完成其鉴定工作，设定合理的工作时限。

2.4 鉴定委托人代表

鉴定委托人应授权一名代表负责本合同的履行。鉴定委托人应在双方签订本合同7日内，将鉴定委托人代表的姓名和权限范围书面告知鉴定机构。鉴定委托人更换委托人代表时，应提前7日书面通知鉴定机构。

2.5 答复

鉴定委托人应当在专用条件约定的时间内就鉴定机构以书面形式提交并要求做出答复的事宜给予书面答复。逾期未答复的，由此造成的工作延误和损失由鉴定委托人承担。

2.6 支付

鉴定委托人应当按照合同的约定，督促当事人向鉴定机构支付酬金。

3 鉴定机构的义务

3.1 项目鉴定团队及人员

3.1.1 项目鉴定团队的主要人员应具有专用条件约定的资格条件,团队人员的数量应符合专用条件的约定。

3.1.2 项目负责人

鉴定机构应以书面形式授权一名项目负责人负责履行本合同、主持项目鉴定团队工作。采用招标程序签署本合同的,项目负责人应当与投标文件载明的一致。

3.1.3 在本合同履行过程中,鉴定人员应保持相对稳定,以保证鉴定工作正常进行。

鉴定机构可根据工程进展和工作需要等情形调整项目鉴定团队人员。鉴定机构更换项目负责人时,应提前7日向鉴定委托人书面报告,经鉴定委托人同意后方可更换。除专用条件另有约定外,鉴定机构更换项目鉴定团队其他鉴定人员,应提前3日向鉴定委托人书面报告,经鉴定委托人同意后以相当资格与能力的人员替换。

3.1.4 鉴定人员有下列情形之一,鉴定委托人要求鉴定机构更换的,鉴定机构应当更换:

(1) 存在严重过失行为的;
(2) 存在违法行为不能履行职责的;
(3) 涉嫌犯罪的;
(4) 不能胜任岗位职责的;
(5) 严重违反职业道德的;
(6) 专用条件约定的其他情形。

3.2 鉴定机构的工作要求

3.2.1 鉴定机构应当按照专用条件约定的时间等要求向鉴定委托人提供与工程造价鉴定业务有关的资料,包括工程造价咨询企业的资质证书及承担本合同业务的团队人员名单及职业(从业)资格证书、鉴定工作计划(大纲)等,并按合同约定的服务范围和工作内容实施鉴定业务。

3.2.2 鉴定机构应当在专用条件约定的时间内,按照专用条件约定的份数、组成向鉴定委托人提交鉴定成果文件。

鉴定机构提供造价鉴定服务以及出具工程造价鉴定成果文件应符合现行国家或行业有关规定、标准、规范的要求。鉴定委托人要求的工程造价鉴定成果文件质量标准高于现行国家或行业标准的,应在专用条件中约定具体的质量标准,并相应增加服务酬金。

3.2.3 鉴定机构提交的工程造价鉴定成果文件,除加盖鉴定机构单位公章、工程造价咨询企业执业印章外,还必须按要求加盖参加鉴定工作人员的职业(从业)资格印章。

3.2.4 鉴定机构应在专用条件约定的时间内,对鉴定委托人以书面形式提出的建议或者异议给予书面答复。

3.2.5 鉴定机构从事工程造价鉴定活动,应当遵循独立、客观、公正、诚实信用的原则,不得损害社会公共利益和他人的合法权益。

3.2.6 鉴定机构承诺按照法律规定及合同约定,完成合同范围内的建设工程造价鉴定服务，不转包承接的造价鉴定服务业务。

3.3 鉴定机构的工作依据

鉴定机构应在专用条件内与鉴定委托人协商明确履行本合同约定的鉴定服务需要适用的技术标准、规范、定额等工作依据，但不得违反国家及工程所在地的强制性标准、规范。

鉴定机构应自行配备本条所述的技术标准、规范、定额等相关资料。必须由鉴定委托人提供的资料，应在专用条件中载明。需要鉴定委托人协助才能获得的资料，鉴定委托人应予以协助。

3.4 使用鉴定委托人房屋及设备的返还

项目鉴定人员使用鉴定委托人提供的房屋及设备的，鉴定机构应妥善使用和保管，在本合同终止时将上述房屋及设备按专用条件约定的时间和方式返还鉴定委托人。

4 违约责任

4.1 鉴定委托人的违约责任

4.1.1 在鉴定期间，已出具工程造价鉴定意见书征询意见稿的，鉴定委托人终止鉴定委托的，鉴定费将不予退还。

4.1.2 在鉴定期间，非鉴定机构原因，鉴定机构根据终止的原因及责任，酌情退还有关鉴定费用。

4.2 鉴定机构的违约责任

4.2.1 鉴定机构不履行本合同义务或者履行义务不符合本合同约定的，应退还已收鉴定费用。

5 支付

5.1 支付货币

除专用条件另有约定外，酬金均以人民币支付。涉及外币支付的，所采用的货币种类、比例和汇率等在专用条件中约定。

5.2 支付申请

5.2.1 鉴定机构根据所受理鉴定项目的实际情况参考行业标准收费办法收取费用。

5.2.2 鉴定机构接受鉴定委托后10日内，向鉴定委托人提交"鉴定费支付通知书"。

5.2.3 当事人向鉴定机构支付鉴定费后，鉴定机构正式受理鉴定并开始实施鉴定工作。

5.2.4 鉴定机构受理的鉴定事项在鉴定过程中时间较长或在鉴定过程中，遇有复杂、疑难、特殊的技术问题或其他特殊情况，鉴定机构可分阶段确定其项目造价鉴定金额，并可分阶段通过鉴定委托人向当事人收取鉴定费用。

5.2.5 鉴定机构在开始实施鉴定工作前所收取的鉴定费用均为暂定费用，待正式工程造价鉴定意见书出具后，按最终的工程造价鉴定金额，多退少补。

5.3 支付鉴定费

支付鉴定费包括正常工作鉴定费、附加工作鉴定费、合理化建议奖励金额及费用。

5.4 有异议部分的支付

鉴定委托人对鉴定机构提交的支付通知书有异议时，应当在收到鉴定机构提交的支付申请书后 7 日内,以书面形式向鉴定机构发出异议通知。无异议部分的款项应按期支付,有异议部分的款项按第 7 条约定办理。

6 合同变更、解除与终止

6.1 合同变更

6.1.1 任何一方以书面形式提出变更请求时,双方经协商一致后可进行变更。

6.1.2 除不可抗力外,因非鉴定机构原因导致鉴定机构履行合同期限延长、内容增加时,鉴定机构应当将此情况与可能产生的影响及时通知鉴定委托人。增加的工作时间或工作内容应视为附加工作。附加工作酬金的确定方法由双方根据委托的服务范围及工作内容在专用条件中约定。

6.1.3 合同履行过程中,遇有与工程相关的法律法规、强制性标准颁布或修订的,双方应遵照执行。非强制性标准、规范、定额等发生变化的,双方协商确定执行依据。由此引起造价鉴定的服务范围及内容、服务期限、酬金变化的,双方应通过协商确定。

6.1.4 因工程规模、服务范围及工作内容的变化等导致鉴定机构的工作量增减时,服务酬金应作相应调整,调整方法由双方在专用条件中约定。

6.2 合同解除

6.2.1 鉴定委托人与鉴定机构协商一致,可以解除合同。

6.2.2 有下列情形之一的,合同当事人一方或双方可以解除合同:

(1) 鉴定机构将本合同约定的工程造价鉴定服务工作全部或部分转包给他人,鉴定委托人可以解除合同;

(2) 鉴定机构提供的造价鉴定服务不符合合同约定的要求,经鉴定委托人催告仍不能达到合同约定要求的,鉴定委托人可以解除合同;

(3) 鉴定委托人未按合同约定督促当事人支付服务酬金,经鉴定机构催告后,在 28 天内仍未支付的,鉴定机构可以解除合同;

(4) 因不可抗力致使合同无法履行;

(5) 因一方违约致使合同无法实际履行或实际履行已无必要。

除上述情形外,双方可以根据委托的服务范围及工作内容,在专用条件中约定解除合同的其他条件。

6.2.3 任何一方提出解除合同的,应提前 30 天书面通知对方。

6.2.4 合同不履行或解除后,鉴定委托人应按照合同约定向鉴定机构支付已完成部分的鉴定服务酬金。

因不可抗力导致的合同解除,其损失的分担按照合理分担的原则由合同当事人在专用条件中自行约定。除不可抗力外因非鉴定机构原因导致的合同解除,其损失由鉴定委托人承担。因鉴定机构自身原因导致的合同解除,按照违约责任处理。

6.2.5 本合同解除后,本合同约定的有关结算、争议解决方式的条款仍然有效。

6.3 合同终止

除合同解除外,以下条件全部满足时,本合同终止:

(1) 鉴定机构完成本合同约定的全部工作;

（2）鉴定委托人与鉴定机构结清并支付酬金；
（3）鉴定机构将鉴定委托人提供的资料交还。

7 争议解决

7.1 协商

双方应本着诚实信用的原则协商解决本合同履行过程中发生的争议。

7.2 调解

如果双方不能在14日内或双方商定的其他时间内解决本合同争议，可以将其提交给专用条件约定的或事后达成协议的调解人进行调解。

7.3 仲裁或诉讼

双方均有权不经调解直接向专用条件约定的仲裁机构申请仲裁或向有管辖权的人民法院提起诉讼。

8 其他

8.1 考察及相关费用

除专用条件另有约定外，鉴定机构经鉴定委托人同意进行考察发生的费用由鉴定委托人审核后另行支付。差旅费及相关费用的承担由双方在专用条件中约定。

8.2 奖励

对于鉴定机构在服务过程中提出合理化建议，使鉴定委托人获得效益的，双方在专用条件中约定奖励金额的确定方法。奖励金额在合理化建议被采纳后支付。

8.3 保密

在本合同履行期间或专用条件约定的期限内，双方不得泄露对方申明的保密资料，亦不得泄露与实施工程有关的第三人所提供的保密资料。保密事项在专用条件中约定。

8.4 联络

8.4.1 与合同有关的通知、指示、要求、决定等，均应采用书面形式，并应在专用条件约定的期限内送达接收人和送达地点。

8.4.2 鉴定委托人和鉴定机构应在专用条件中约定各自的送达接收人、送达地点、电子邮箱。任何一方指定的接收人或送达地点或电子邮箱发生变动的，应提前3天以书面形式通知对方，否则视为未发生变动。

8.4.3 鉴定委托人和鉴定机构应当及时签收另一方送达至送达地点和指定接收人的往来函件，如确有充分证据证明一方无正当理由拒不签收的，视为认可往来函件的内容。

8.5 知识产权

除专用条件另有约定外，鉴定委托人提供给鉴定机构的图纸、鉴定委托人为实施工程自行编制或委托编制的技术规范以及反映鉴定委托人要求的或其他类似性质文件的著作权属于鉴定委托人，鉴定机构可以为实现本合同目的而复制或者以其他方式使用此类文件，但不能用于与本合同无关的其他事项。未经委托人书面同意，鉴定机构不得为了本合同以外的目的而复制或者以其他方式使用上述文件或将之提供给任何第三方。

除专用条件另有约定外，鉴定机构为履行本合同约定而编制的成果文件，其著作权属于鉴定机构。鉴定委托人可以为实现合同目的而复制、使用此类文件，但不能擅自修改或用于与本合同无关的其他事项。未经鉴定机构书面同意，鉴定委托人不得为了本合同以外的目的而复制或者以其他方式使用上述文件或将之提供给任何第三方。

双方保证在履行本合同过程中不侵犯对方及第三方的知识产权。因鉴定机构侵犯他人知识产权所引起的责任，由鉴定机构承担；因鉴定委托人提供的基础资料导致侵权的，由鉴定委托人承担责任。

除专用条件另有约定外，双方均有权在履行本合同保密义务并且不损害对方利益的情况下，将履行本合同形成的有关成果文件用于企业宣传、申报奖项以及接受上级主管部门的检查。

第三部分　专用条件

1　词语定义、语言、解释顺序与适用法律

1.2　语言

本合同文件除使用中文外，还可用＿＿＿＿＿＿＿＿＿＿＿＿＿＿＿＿＿＿＿＿＿＿。

1.3　合同文件的优先顺序

本合同文件的解释顺序为：＿＿＿＿＿＿＿＿＿＿＿＿＿＿＿＿＿＿＿＿＿＿＿＿。

1.4　适用法律

＿＿＿＿＿＿＿＿＿＿＿＿＿＿＿＿＿＿＿＿＿＿＿＿＿＿＿＿＿＿＿＿＿＿＿＿＿＿。

2　委托人的义务

2.1　提供资料

鉴定委托人按照工程造价鉴定送鉴资料签收清单约定无偿向鉴定机构提供与本合同鉴定业务有关资料的时间为：＿＿＿＿＿＿＿＿＿＿＿＿＿＿＿＿＿＿。

2.2　提供工作条件

2.2.1　项目鉴定人员使用由鉴定委托人提供的房屋及设备，支付使用费的标准为：＿＿＿＿＿＿＿＿＿＿。

2.4　鉴定委托人代表

鉴定委托人代表为：＿＿＿＿＿＿＿＿＿＿，其权限范围：＿＿。

2.5　答复

鉴定委托人同意在＿＿＿＿＿＿日内，对鉴定机构书面提交并要求做出决定的事宜给予书面答复。逾期未答复的，视为鉴定委托人认可。

3　鉴定机构的义务

3.1　项目鉴定团队及人员

3.1.1　项目鉴定团队的项目负责人应具有＿＿＿＿＿＿＿＿资格条件，团队人员的数量为＿＿＿＿人。

3.1.2 项目负责人为：＿＿＿＿＿＿＿，项目负责人为履行本合同的权限为：＿＿＿＿＿＿＿＿＿＿＿＿＿＿＿＿＿＿＿＿＿＿＿＿＿＿＿＿＿＿＿＿。
3.1.3 鉴定机构更换项目鉴定团队其他鉴定人员的约定＿＿＿＿＿＿＿＿＿＿＿＿＿＿＿＿。
3.1.4 鉴定委托人要求更换鉴定人员的情形还包括：＿＿＿＿＿＿＿＿＿＿＿＿＿＿＿＿。
3.2 鉴定机构的工作要求
3.2.1 鉴定机构向鉴定委托人提供有关资料的时间＿＿＿＿＿＿＿＿＿＿＿＿＿＿＿＿。
3.2.2 鉴定机构向鉴定委托人提供咨询成果文件的名称、组成、时间、份数及质量标准：＿＿＿＿＿＿＿＿＿＿＿＿＿＿＿＿＿＿＿＿＿＿＿＿＿＿＿＿＿＿＿＿＿＿＿＿＿。
3.2.4 鉴定机构应在收到鉴定委托人以书面形式提出的建议或者异议后＿＿＿＿＿＿日内给予书面答复。
3.3 鉴定机构的工作依据
经双方协商，本合同约定的造价鉴定服务适用的技术标准、规范、定额等工作依据为：＿＿＿＿＿＿＿＿＿＿＿＿＿＿＿＿＿＿＿＿＿＿＿＿＿＿＿＿＿＿＿＿＿＿＿＿＿＿。
3.4 使用委托人房屋及设备的返还
鉴定机构应在本合同终止后＿＿＿＿日内移交鉴定委托人提供的房屋及设备，移交的方式为＿＿＿＿＿＿＿＿＿＿＿＿＿＿＿＿＿＿＿＿＿＿＿＿＿＿＿＿＿＿＿＿＿＿＿＿＿＿＿。

4 违约责任

4.1 鉴定委托人的违约责任
按通用条款4.1.1和4.1.2执行。
4.2 鉴定机构的违约责任
按通用条款4.2.1执行。

5 支付

5.1 支付货币
币种为：＿＿＿＿，汇率为：＿＿＿＿，其他约定为：＿＿＿＿＿＿＿＿＿＿＿＿＿＿＿＿。
5.2 支付申请
鉴定机构应在本合同约定的每次应付款日期＿＿＿＿日前，向鉴定委托人提交鉴定费支付通知书（转交当事人）。
5.3 支付鉴定费
按照鉴定费支付通知书的约定支付＿＿＿＿＿＿＿＿＿＿＿＿＿＿＿＿＿＿＿＿＿＿＿＿。

6 合同变更、解除与终止

6.1 合同变更
6.1.2 除不可抗力外，因非鉴定机构原因导致本合同履行期限延长、内容增加时，附加工作酬金按下列方法确定：＿＿＿＿＿＿＿＿＿＿＿＿＿＿＿＿＿＿＿＿＿＿。
6.1.4 因工程规模、服务范围及内容的变化等导致鉴定机构的工作量增减时，服务酬金的调整方法：_____。

6.2 合同解除

6.2.2 双方约定解除合同的条件还包括：

鉴定机构在造价鉴定过程中发现以下问题之一的，可以解除合同：

1. _____；
2. _____；
3. _____；
4. _____。

6.2.4 因不可抗力导致的合同解除，双方约定损失的分担如下：
_____。

7 争议解决

7.2 调解

如果双方不能在____日内解决本合同争议，可以将其提交_____进行调解。

7.3 仲裁或诉讼

合同争议的最终解决方式为下列第____种方式：

（1）提请_____仲裁委员会进行仲裁。

（2）向_____人民法院提起诉讼。

8 其他

8.1 考察及相关费用

鉴定机构经鉴定委托人同意进行考察发生的费用由_____支付。差旅费及相关费用的支付：_____。

8.4 联络

8.4.2 鉴定委托人指定的送达接收人：_____，送达地点：_____，电子邮箱：_____。

鉴定委托人提供给鉴定机构的图纸、鉴定委托人为实施工程自行编制或委托编制的技术规范以及反映鉴定委托人要求的或其他类似性质文件的著作权属于_____。

鉴定机构为履行本合同约定而编制的成果文件，其著作权属于_____。

双方将履行本合同形成的有关成果文件用于企业宣传、申报奖项以及接受上级主管部门的检查须遵守以下约定：_____。

9 补充条款

_____
_____
_____